# 图解电动汽车维修
## 入门与提高

周晓飞 主编

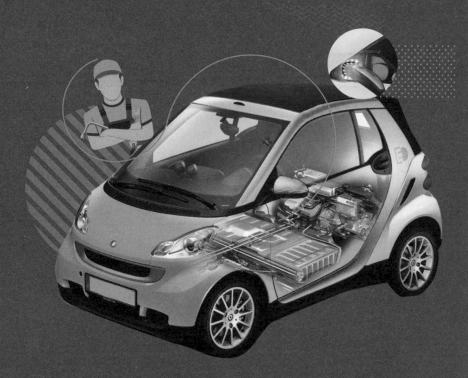

化学工业出版社
·北京·

图书在版编目（CIP）数据

图解电动汽车维修入门与提高 / 周晓飞主编. —北京：化
学工业出版社，2018.3（2018.9重印）
ISBN 978-7-122-31494-9

Ⅰ . ①图… Ⅱ . ①周… Ⅲ . ①电动汽车 - 维修 - 图解
Ⅳ . ① U469.72-64

中国版本图书馆 CIP 数据核字（2018）第 024765 号

责任编辑：黄 滢 刘 琳
责任校对：宋 玮                                        装帧设计：王晓宇

出版发行：化学工业出版社（北京市东城区青年湖南街13号　邮政编码100011）
印　　装：高教社（天津）印务有限公司
710mm×1000mm　1/16　印张14　字数228千字　2018年9月北京第1版第2次印刷

购书咨询：010-64518888（传真：010-64519686）　售后服务：010-64518899
网　　址：http://www.cip.com.cn
凡购买本书，如有缺损质量问题，本社销售中心负责调换。

定　　价：69.00元

前言
FOREWORD

随着汽油及柴油能源的逐年紧张和日趋枯竭，全球各大汽车公司都相继加快了新能源汽车，尤其是电动汽车的研发步伐。

沃尔沃公司宣布，到 2019 年，每辆车都将装上电池；林肯、捷豹、路虎等公司也宣布旗下的所有车型要全部进入电动化；大众公司最近在德国的车展上宣布要推出 80 余款电动汽车，同时 2025 年新能源汽车销量将达到 200 万～300 万辆；宝马公司则宣布，将在中国提供 5 个系列 9 款新能源汽车，包括纯电动、插电式和混合动力汽车；通用公司宣布到 2020 年，将在中国市场推出 10 余款新能源汽车；主要看重混合动力的丰田也在 2016 年 11 月成立了专门负责纯电动汽车设计和开发的部门，计划到 2020 年建成并完善纯电动汽车的生产体系；福特公司宣布，在未来 5 年要投资 45 亿美元用于研发新能源汽车，到 2020 年将有 13 款新能源汽车面市；不久前，奔驰公司也郑重宣布，将在 2022 年之前全部停产、停售传统燃油车，未来将只提供混合动力和纯电动版的汽车，再增加 50 个全新的电动汽车车型。

业内专家认为，电动汽车是第三次工业革命的核心，它能更好地衔接未来。

随着电动汽车技术快速的发展，伴随而来的是汽车维修人员相关资料的紧缺。因此，为帮助广大汽车维修工朋友与时俱进，尽快跟上汽车工业发展的步伐，特编写了本书。

本书主要讲述了电动汽车的"电动化系统"，分为六章内容，依次为电动汽车常识、电源系统、驱动电机系统、电动冷却系统、电动空调系统和充电系统。全书内容由浅入深、循序渐进，从入门的常识，到系统／部件的结构布局，再到检查诊断程序，最后到零部件的拆装更换等，逐一进行讲解，详略得当。

本书由周晓飞主编，万建才、宋东兴、赵朋、李新亮、边先锋、刘振友、彭飞、李飞霞、王立飞、温云、董小龙、张建军、郝建庄参编。编写过程中参考了大量的技术文献、多媒体资料及原车维修手册，在此谨向这些为本书编写出版给予帮助的同志们及相关文献作者表示衷心的感谢！

由于笔者水平有限和有效资料的局限性，书中难免有不妥之处，敬请广大读者批评指正。

编　者

目录

CONTENTS

目录

CONTENTS

目 录

CONTENTS

Reference

# 第一章

## 电动汽车常识

# 第一节　电动汽车类型

电动汽车（EV）包括纯电动汽车（BEV）和混合动力汽车（HEV），都是以电机驱动车轮行驶，使用动力电池（不包括铅酸电池），而且有外部的充电插口。燃料电池汽车（FCEV）也是电动汽车的一个类型，也是以电能驱动车辆行驶。

## 一、混合动力汽车

### 1. 混合动力汽车特点

混合动力一词来自于希腊语，原本指的是"两个来源或混合来源"。在汽车工业中将其定义为，装备两种驱动类型（能量类型）和两个蓄能器的车辆。不同车辆制造商通常是以燃油箱和蓄电池作为能量来源的内燃机和电机组合为基础，实现两种驱动类型组合的。

混合动力总成的优点主要是耗油量较低，同时在内燃机的所有不利运行范围内电机可以为其提供支持。此外还可以对所使用的电机和内燃机的功率特性曲线进行较好的补充，因为电机的较高扭矩可以为（低转速范围内）内燃机的较小扭矩进行最佳补充。因为电机可以起到起动机和发电机的功能，所以取消了起动机和发电机。此外，制动能量回收系统可以对降低制动器磨损起到积极的影响（尽量减少现有的制动器磨损）。

### 2. 按动力总成布置划分类型

根据传动装置的布置方案可以将混合动力车辆分为四类：串联式混合动力、并联式混合动力、混联式混合动力以及插电式混合动力。

（1）串联式混合动力。串联式混合动力也叫增程式电动系统，接近于纯电动系统。

> **维修图解**
>
> 串联混动结构的动力来源于电动机，发动机只能驱动发电机发电，并不能直接驱动车辆行驶。因此，串联结构中电动机功率一般要大于发动机功率，这样才能满足车辆的行驶需求。所以，通俗地讲，串联混动结构即电动机＋发动机＝串联。

如图 1-1 所示，使用串联混合动力车辆驱动方案的混合动力车辆包括一个电机和一个发动机。其特点是仅由电机直接对驱动轮产生影响。因为所有组件须依次安装，所以这种结构被称为串联。由发动机驱动一个可以为电动行驶传动装置和电存储器提供能量的发电机。通过供电电子装置控制电能量流。根据蓄电池和充电策略、作用范围以及动力性确定发电机与电存储器的大小。由于附加发电机的结构非常复杂，因此取消了手动变速箱。可以对串联混合动力中的组件进行非常灵活的布置。串联式混合动力车辆的最大缺点是需要进行两次能量转换，因此导致效率下降。必须按照最大驱动功率设计发动机和发电机。与并联式混合动力车辆相比在内燃机效率相同的情况下会产生更多的排放量并造成耗油量增大。

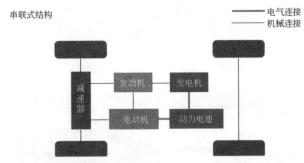

图 1-1　串联混合动力结构

（2）并联式混合动力。

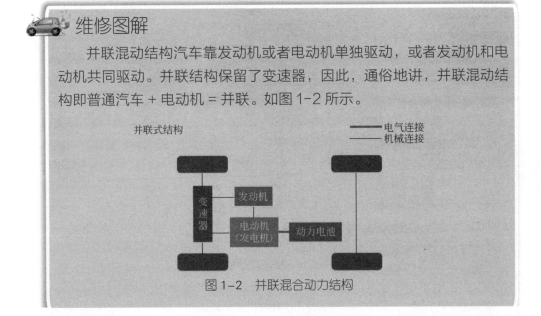

维修图解

并联混动结构汽车靠发动机或者电动机单独驱动，或者发动机和电动机共同驱动。并联结构保留了变速器，因此，通俗地讲，并联混动结构即普通汽车＋电动机＝并联。如图 1-2 所示。

图 1-2　并联混合动力结构

并联式混合动力传动装置的组件如图 1-3 所示。与串联式混合动力不同，在并联式混合动力系统中发动机和电机都要与驱动轮进行机械连接。驱动车辆时不仅可以分别单独使用，而且也可以同时使用两种动力传动系统。因为可以同时将作用力输送至传动系统，所以将该系统称为并联式混合动力系统。由于可以将两个发动机的功率进行叠加，所以这两个发动机可以采用更小和更轻的设计。这样可以在重量、耗油量和 $CO_2$ 排放量方面更加节约。设计时可以通过其他方法获得最大的行驶动力性，当内燃机功率相同时通过电机提高功率，同时甚至还可以降低耗油量。电机也可以作为发电机使用，因此可以将其统称为"电动机"。在滑行阶段或制动时电机会产生电能，通过供电电子装置的控制将其存储在高压蓄电池内，同时还能降低耗油量。并联式混合动力车辆与部分混合动力相比成本更加低廉。

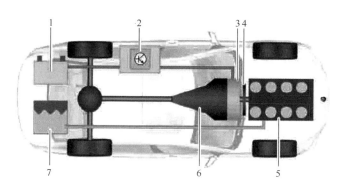

图 1-3　并联式混合动力传动装置的组件

1—高压蓄电池；2—供电电子装置；3—电机；4—离合器；

5—发动机；6—变速箱；7—燃油箱

（3）混联式混合动力。

 维修图解

　　如图 1-4 所示，混联在发动机和电动机协同驱动汽车行驶的同时，发动机还能带动发电机为电池充电，不再像并联结构中单一电动机需要身兼二职，并且理论上它能够实现发动机带动发电机发电，电动机驱动汽车的模式。两个动力单元也能够单独驱动车辆。

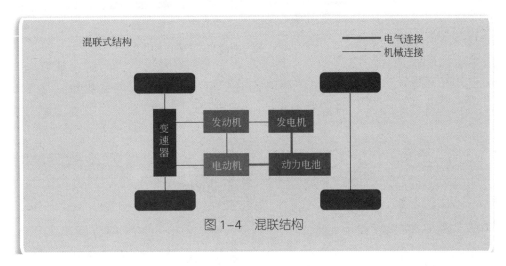

图1-4 混联结构

因为在这种混合动力传动装置中可以用串联和并联的方式传递作用力，所以该系统也被称为串并联或功率分支式混合动力系统。如图1-5所示。

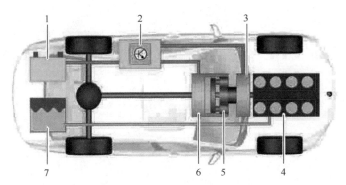

图1-5 功率分支式混合动力传动装置的组件

1—高压蓄电池；2—供电电子装置；3—发电机；4—发动机；

5—行星齿轮箱；6—电机；7—燃油箱

针对不同行驶状态提供以下运行模式。

① 由内燃机驱动发电机以便为高压蓄电池充电。

② 由内燃机驱动发电机，使用其所产生的电能驱动电机（串联式混合动力）。

③ 与电机一样，发动机以机械方式与驱动轴相连。由两个传动装置同时驱动车辆（并联式混合动力）。

在这种组合式混合动力传动装置中只需使用一个离合器就可以完成两种运行模式的切换。使用功率链接混合动力传动装置的车辆可以在某一特定速度下以纯电动方式行驶。此外，通过两种传动装置良好的组合可以使内燃机始终在其最佳运行范围内工作。功率分支式混合动力传动装置的缺点是传动控制复杂且成本较高。通常只有在全混合动力中才会使用功率分支式混合动力系统。

（4）插电式混合动力。插电式混合动力汽车是一种可外接充电的混合动力汽车，通过生活中的电源插头就能进行蓄电池充电，只不过由于电池不方便像电动自行车那样取下，所以要提供专门的充电站，且有一定的要求。

**维修图解**

插电式混合动力汽车具有普通混合动力汽车与纯电动汽车的基本功能特征，也与普通混合动力汽车有一定区别（图1-6）。

插电式混合动力车的电池相对比较大，可以直接外部充电，可以用纯电模式行驶，电池电量耗尽后再以发电机为主的混合动力模式行驶，并适时向电池充电。

普通混合动力车的电池容量比较小，仅在起/停、加/减速的时候供应和回收能量，不能外部充电，不能在纯电模式下较长距离行驶。

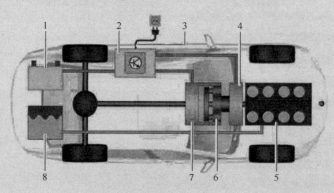

图1-6 插电式混合动力系统

1—高压蓄电池；2—供电电子装置；3—电源插头；4—发电机；
5—内燃机；6—行星齿轮箱；7—电机；8—燃油箱

## 二、纯电动汽车

### 1. 定义

**维修图解**

　　纯电动汽车是完全由可充电电池（如铅酸电池、镍镉电池、镍氢电池或锂离子电池）提供动力源，以电动机为驱动系统的汽车。其动力系统主要由动力电池、驱动电动机组成（图1-7），从电网取电或更换蓄电池获得电能。

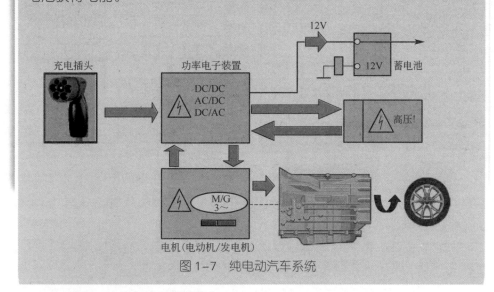

图 1-7　纯电动汽车系统

### 2. 纯电动汽车结构组成

　　纯电动汽车的结构与燃油汽车相比，主要增加了电力驱动控制系统，取消了发动机。当汽车行驶时，由蓄电池输出电能（电流），通过控制器驱动电机运转，电机输出的转矩经传动系统带动车轮前进或后退。

**维修图解**

　　纯电动汽车的基本结构比较简单（图1-8），主要由动力电池和电动机组成。动力电池、变速器和电动机之间是电气连接；电动机、减速

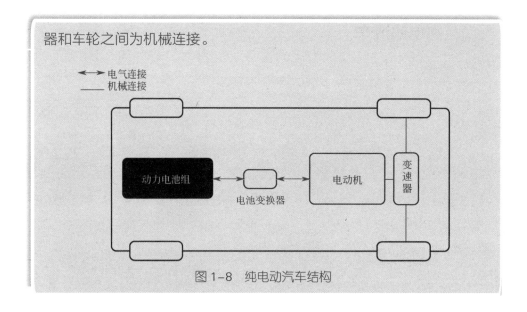

图 1-8　纯电动汽车结构

（1）电源系统。电源系统主要包括动力电池、电池管理系统、车载充电机及辅助动力源等。动力电池是电动汽车的动力源，是能量的存储装置。

（2）驱动电机系统。驱动系统是将存储在蓄电池中的电能高效地转化为车轮的动能进而推进汽车行驶，并能够在汽车减速制动或者下坡时，实现再生制动。

驱动电机系统由驱动电机、驱动电机控制器构成，通过高低压线束、冷却管路，与整车其他系统作电气和散热连接。

（3）整车控制器。整车控制器是电机系统的控制中心。它对所有的输入信号进行处理，并将电机控制系统运行状态的信息发送给整车控制器。根据驾驶员输入的加速踏板和制动踏板的信号，向电机控制器发出相应的控制指令，对电机进行启动、加速、减速、制动控制。

（4）辅助系统。辅助系统包括车载信息显示系统、动力转向系统、导航系统、空调、照明及除霜装置、刮水器和收音机等，借助这些辅助设备来提高汽车的操纵性和成员的舒适性。

## 三、燃料电池汽车

燃料电池汽车（FCV）是一种用车载燃料电池装置产生的电力作为

动力的汽车。利用氢作为燃料，在燃料电池中，与大气中的氧气发生氧化还原反应，产生出电能来带动电动机工作。电动机带动汽车中的机械传动结构，进而带动汽车的前桥或后桥相关机械结构工作，从而驱动电动汽车前进。

2017 年广州车展上，现代推出一款燃料电池概念车（图 1-9），新车搭载的是现代汽车第四代氢燃料电池技术，最大功率达到了 119kW，最大扭矩为 300N·m。新车的燃料电池堆功率密度也增加了 30%，官方公布其最大续航里程可达 800km。

图 1-9　燃料电池汽车

## 四、太阳能电动车

太阳能电动汽车由太阳能电池板在向日自动跟踪器的控制下对着太阳，接收太阳光，并转换成电能，向电机供电，再由电机驱动汽车行驶。

比亚迪 F3DM 是加装有太阳能电池的量产汽车。比亚迪 F3DM 车顶加装了太阳能电池板，太阳能电池板吸收的太阳能输出为低压电，低压电经升压转换为高压电，并将能量储存在蓄电池中，向电机供电。

福特在 2014 年推出过一款太阳能汽车（图 1-10），通过车顶处太阳能板给电池组充电，充电时间只能是白天。这款车顶太阳能板的特别之处就在于，在它上面加装了一个核心的聚焦器，作用类似于放大镜来引导阳光往车顶聚集。

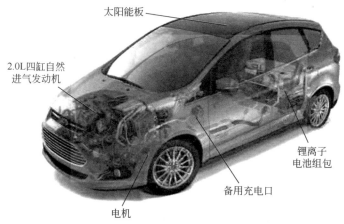

太阳能板

2.0L四缸自然
进气发动机

锂离子
电池组包

备用充电口

电机

图1-10　福特太阳能汽车

# 第二节　电动汽车充电常识

以比亚迪宋 EV 为例，纯电动汽车可以采用动力电池提供的能量来行驶。为了避免因动力电池亏电而导致车辆无法行驶，及时充电储能及行驶前计算电量需求是非常重要的。

电动汽车有四种充电方法：便携式单相交流充电、充电桩三相交流充电、充电桩单相交流充电和充电桩直流充电。

 维修提示

动力电池充电完成所需时间因充电方法、剩余电量、实时温度、使用时间、环境温度等条件而变化。

## 一、便携式单相交流电充电

 维修提示

下述充电设备使用方法以交流充电连接装置为例（图1-11）。交流充电连接装置（三芯转七芯）是随车配送的充电装置，将车辆与家用标准 220V、50Hz、10A 单相两极带地插座相连，为车辆充电。供电插座应选用符合国标的家用插座，避免因大功率充电导致线路破坏和保护跳闸，影响其他设备的正常使用。

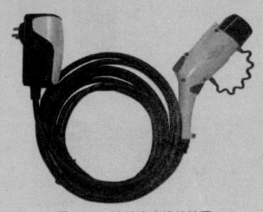

图 1-11　交流充电连接装置

### 1. 充电前请检查

① 确认充电设备没有刮破、生锈、破裂或车辆插头、电缆、控制盒、电线以及供电插头表面没有破损等异常情况。

② 如果充电设备或者充电连接装置表面有损坏、生锈、破裂或连接太松时请勿充电。

③ 当供电插头或车辆插头很脏或潮湿时，用干燥清洁的布擦拭插头，确保充电插头干净。

### 2. 开始充电

组合仪表上会提示预计充满电时间。

**维修图解**

① 将交流充电连接装置的供电插头插入家用供电插座中（图 1-12）。

② 打开车辆右后侧围处交流充电接口的舱盖与保护盖，确认车辆插头与车辆插座无异常（图 1-13）。

图1-12 插座

图1-13 车上交流充电接口

③ 将车辆插头插入车辆插座中（图1-14）。

图1-14 车辆插头插入车辆插座中

④ 从充电设备指示灯或车辆仪表上确认充电状态（图1-15）。

图1-15 仪表上显示充电状态

### 3. 停止充电

维修图解

① 如果电锁工作模式为"启用防盗"：拔枪前，需要按钥匙或者微动开关解锁；车辆解锁 30s 内，用力按压充电枪解锁按钮；向车外方向拔出充电枪。

② 如果电锁工作模式为"停用防盗"：停止充电后，可直接用力按压充电枪解锁按钮；向车外方向拔出充电枪。如图 1-16 所示。

图 1-16　按压充电枪解锁按钮

### 4. 注意事项

① 设备必须接地良好，如果充电设备出现故障或者损坏时，接地线可提供最小阻抗电路放电从而减小触电的危险。设备装有设备接地点与供电插头接地点相连的接地线。插头必须与符合安装正确且接地良好的电源插座互配。

② 整车未解锁，请勿强行开启车辆插座的舱盖。

③ 拔出车辆插头前，请操作整车解锁以解除车辆接口的电子锁，并在 30s 内拔出车辆插头，否则车辆接口的电子锁会重新锁止。

④ 当组合仪表 SOC 指示条进入红色警戒格时，表明动力电池电量已不足。在电量降至红色警戒格时及时充电，不要在电量完全耗尽后再进行充电，否则会影响动力电池的使用寿命。

⑤ 当电池温度高于 65℃或低于 -20℃时，车辆将不能正常充电。当环境温度低于 0 时，充电时间要比平常时间长。

⑥ 家用交流充电是使用车辆配备的交流充电连接装置进行充电的。推荐使用 220V、50Hz、10A 的专用交流电路和电源插座。专用电路是为了避免线

路破坏或者由于给动力电池充电时的大功率导致线路跳闸保护，如果没有使用专用线路，可能影响线路上其他设备的正常工作。

⑦ 当外部电网断电后再次供电时，充电设备会自动重新启动充电，不用重新连接充电设备。

⑧ 当动力电池电量充满后，系统会自动停止充电。

⑨ 使用交流充电连接装置注意：停止充电时先断开充电设备的车辆插头，再断开电源端供电插头。

⑩ 启动车辆前请确保充电设备已经断开，充电口盖和充电口舱盖已经关闭，因为充电设备锁止机构在没有完全锁止状态下，车辆可能会上"OK"挡。充电口盖未关闭，水或外来物质可能进入充电口端子，长期会影响正常使用。

## 二、充电桩三相交流充电

### 维修提示

设备规格：380V、AC、50Hz、63A；充电时间：参考组合仪表上的充电时间提醒。

通过三相交流充电桩的充电连接插头将车辆与交流充电桩相连，实现三相交流充电。按照下述即时充电方法进行。

① 电源挡位处于"OFF"挡；

② 整车解锁，打开交流充电插座的舱盖与保护盖；

③ 将充电桩自带的车辆插头与车辆插座连接；

④ 按充电设备指导步骤操作，启动充电；

⑤ 组合仪表点亮充电连接指示灯；

⑥ 充电过程中，组合仪表显示相关充电参数，同时显示充电画面；

⑦ 通过整车解锁，充电设备设置或电量充满结束充电；

⑧ 按下锁止按钮，拔出车辆插头，重新插到充电盒上；

⑨ 关闭交流充电插座的舱盖与保护盖；

⑩ 充电盒交流充电结束。

## 三、充电桩单相交流充电

 维修提示

设备规格：220V、AC、50Hz、16A；充电时间：参考组合仪表上的充电时间提醒。

通过七芯转七芯交流充电设备将车辆与交流充电桩相连，或者通过单相交流充电桩的充电连接插头将车辆与交流充电桩相连，实现交流充电。按照下述即时充电方法进行。

① 电源挡位处于"OFF"挡；

② 整车解锁，打开交流充电插座的舱盖与保护盖；

③ 将充电桩自带的车辆插头与车辆插座连接，若使用七芯转七芯充电连接装置，还需将供电插头连接至充电桩供电插座；

④ 按充电设备指导步骤操作，启动充电；

⑤ 组合仪表点亮充电连接指示灯；

⑥ 充电过程中，组合仪表显示相关充电参数，同时显示充电画面；

⑦ 通过整车解锁，充电设备设置或电量充满结束充电；

⑧ 按下开关，拔出车辆插头；

⑨ 按下锁止按钮，拔出车辆插头，重新插到充电盒上；

⑩ 关闭交流充电插座的舱盖与保护盖；

⑪ 整理充电设备，并妥善放置；

⑫ 充电桩交流充电结束。

## 四、充电桩直流充电

 维修提示

查看充电桩相关说明获得设备规格和相关要求。充电时间参考组合仪表上的充电时间提醒。

通过直流充电桩的充电连接插头将车辆与直流充电桩相连，实现直流充电。按照下述即时充电方法进行。

① 电源挡位处于"OFF"挡；

② 打开车辆左后侧围处直流充电接口的舱盖与保护盖；

③ 连接车辆端车辆插头；

④ 按充电设备指导步骤操作，启动充电；

⑤ 组合仪表点亮充电连接指示灯；

⑥ 充电过程中，组合仪表显示相关充电参数，同时显示充电画面；

⑦ 停止充电，充电桩设置结束充电；或充电已完成，充电桩会自动结束充电；

⑧ 按下车辆端车辆插头上的锁止按钮，拔出车辆插头；

⑨ 关闭直流充电插座的舱盖与保护盖；

⑩ 充电桩直流充电结束。

# 第二章

## 电源系统

# 第一节　电源组成

电动汽车电源系统主要包括动力电池、电池管理系统、车载充电机及辅助动力源等（图2-1）。

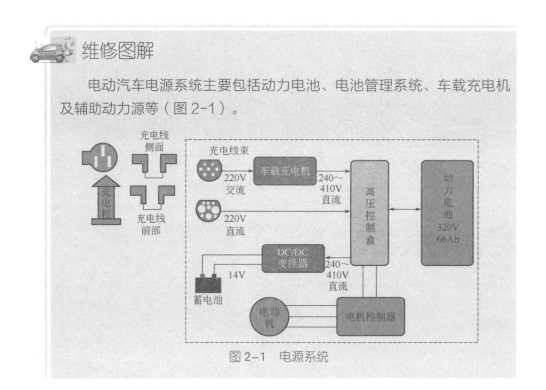

图2-1　电源系统

## 1. 动力电池

动力电池是电动汽车的动力源，是能量的存储装置。目前的纯电动汽车以锂离子蓄电池为主的包括磷酸铁锂离子蓄电池、三元锂离子蓄电池等。

## 2. 电池管理系统

电池管理系统实时监控动力电池的使用情况，对动力电池的端电压、内阻、温度、蓄电池电解液浓度、电池剩余电量、放电时间、放电电流或放电深度等动力蓄电池状态参数进行检测，并按动力电池对环境温度的要求进行调温控制，通过限流控制避免动力蓄电池过充、过放电，对有关参数进行显示和报警，其信号流向辅助系统，并在组合仪表上显示相关信息，以便驾驶员随时掌握车辆信息。

### 3. 车载充电机及辅助动力源

车载充电机是把电网供电制式转换为动力电池充电要求的制式，即把交流电（220V 或 380V）转换为相应电压（240～410V）的直流电，并按要求控制其充电电流（家庭充电一般为 10A 或 16A）。辅助动力源一般为 12V 或 24V 的直流低压电源，它主要给动力转向、制动力调节控制、照明、空调、电动车窗等各种辅助用电装置提供所需的能源。

# 第二节 动力电池

## 一、概述

很多电动汽车的动力电池采用三元锂电池，这种电池以钴酸锂、锰酸锂或镍酸锂等化合物为正极，以可嵌入锂离子的碳材料为负极，使用有机电解质。

### 维修图解

如图 2-2 所示，动力电池总成安装在车体下部，动力电池的组成部件包括各模组总成、CSC 采集系统、电池控制单元（BMU）、电池高压分配单元（B-BOX）、维修开关等部件。

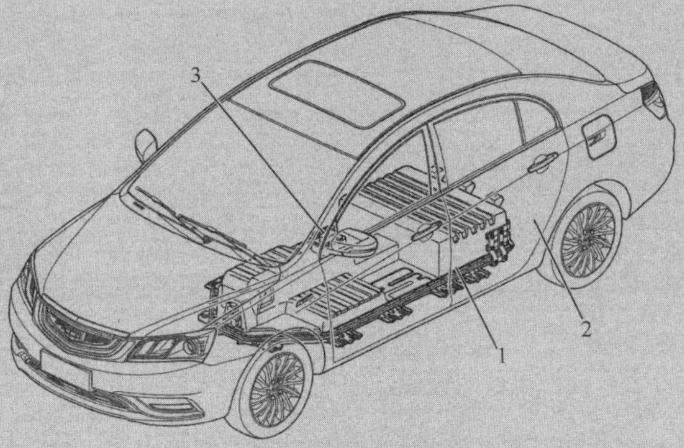

图 2-2　部件位置

1—动力电池总成；2—车身；3—维修开关

## 二、动力电池系统工作原理

动力电池系统工作原理如图 2-3 所示。

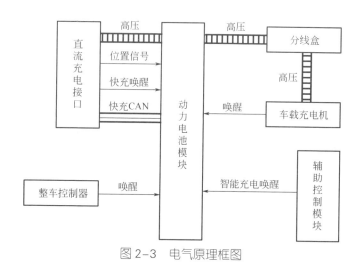

图 2-3 电气原理框图

（1）电池单体。电池单体是直接将化学能转化为电能的基本单元装置，包括电极、隔膜、电解质、外壳和端子，并被设计成可充电。

（2）电池模组。电池模组将一个以上电池单体按照串联、并联或串并联方式组合，且只有一对正负极输出端子，并作为电源使用的组合体。

（3）电池单元。电池单元由数十个电池单体或电池模组串联在一起，构成一个电池单元。由数个电池单元串联在一起，构成动力电池总成。

（4）CSC 采集系统。每一个电池单元有多个 CSC 采集系统，以监测其中每个电池单体或电池组单体电压、温度信息。CSC 采集系统将相关信息上报电池控制单元（BMU）并根据 BMU 的指令执行单体电压均衡。

（5）电池控制单元（BMU）。安装于动力电池总成内部，是电池管理系统核心部件。电池控制单元（BMU）将单体电压、电流、温度及整车高压绝缘等信息上报整车控制器（VCU）并根据 VCU 的指令完成对动力电池的控制。

（6）电池高压分配单元（B-BOX）。安装在动力电池总成的正负极输出端，由高压正极继电器、高压负极继电器、预充继电器、电流传感器和预充电阻等组成。

（7）维修开关。位于动力电池总成中间表面位置，打开驾驶室内副仪表手套箱开关，可操作维修开关。在高压零部件检查和维护前，断开维修开关可以确保切断高压。

 维修提示

在操作维修开关时，首先确保电池对外无电流输出，并且佩戴绝缘防护装备。

## 三、动力电池系统故障诊断

### 1. 故障诊断代码类型（表2-1）

表2-1 故障诊断代码类型

| 故障代码 | 故障描述/条件 | 故障部位/排除方法 |
|---|---|---|
| P21F10E | 主正继电器粘连故障 | 电池包内部（更换主正继电器） |
| P21F10B | 主负继电器粘连故障 | 电池包内部（更换主负继电器） |
| P21F10C | 直流充电继电器粘连故障 | 电池包内部（更换充电正端继电器） |
| P21F06A | 主正继电器无法闭合故障 | 电池包内部（更换主正继电器） |
| P21F06B | 主负继电器无法闭合故障 | 电池包内部（更换主负继电器） |
| P21F06C | 直流充电继电器无法闭合故障 | 电池包内部（更换充电正端继电器） |
| P21F06D | 预充继电器无法闭合故障 | 电池包内部（更换预充继电器） |
| P21F601 | 充电继电器老化 | 电池包内部（更换充电继电器） |
| P21F602 | 主负继电器老化 | 电池包内部（更换主负继电器） |
| P21F603 | 主正继电器老化 | 电池包内部（更换主正继电器） |
| P21F604 | 预充继电器老化 | 电池包内部（更换预充继电器） |
| P21E011 | 主正或主负继电器下电粘连 | 电池包内部（更换主正继电器） |
| P21F102 | 不可逆的碰撞信号发生（仅有ACAN信号） | ①检查BMS与ACU之间的线路对电源短路故障<br>②更换BMS<br>③更换ACU |
| P21F103 | 不可逆的碰撞信号发生（仅PWM波） | |

续表

| 故障代码 | 故障描述／条件 | 故障部位／排除方法 |
|---|---|---|
| P21F10F | 放电电流过大（注：放电为正）（可操作级别） | 电池包内／外部（重新上下电） |
| P21F118 | 放电电流过大（注：放电为正）（质保级别） | |
| P21F111 | 放电电流过大（注：放电为正）（安全级别） | |
| P21F112 | 充电电流过大（注：充电为负）（安全级别） | |
| P21F114 | 充电电流过大（注：充电为负）（质保级别） | |
| P21F115 | 充电电流过大（注：充电为负）（可操作级别） | |
| P21F113 | 电流传感器故障 | 电池包内部（更换 CSU） |
| P21E01C | CSU 采样异常 | 电池包内部（重新上下电，不恢复，更换 CSU） |
| P21F122 | 单体欠压（可操作级别） | 电池包内部（重新上下电） |
| P21F123 | 单体过压（安全级别） | |
| P21F124 | 单体欠压（安全级别） | |
| P21F125 | 单体过压（质保级别） | |
| P21F126 | 单体欠压（质保级别） | |
| P21F127 | 电池包总电压过压 | |
| P21F128 | 电池包总电压欠压 | |
| P21F12A | 高压互锁断路故障 | 电池包内部（检查电池包内部高压线路哪里短接到电源） |
| P21F12C | 高压互锁短路到电源故障 | 电池包内部（检查电池包内部高压线路哪里短接到地） |
| P21F12D | 高压互锁短路到地故障 | 检查外部快充、主回路、MSD 高压连接器插件和内外部高压线路 |
| P21F12E | 高压回路断路 | |
| P21F070 | CSC 的 CAN 报文丢失 | 电池包内部（电池包内部通信异常，检测 CCAN 通信） |
| P21F0B0 | CSC 采样线掉线或松动 | 电池包内部（检测 CSC 采样线松动或掉线） |

续表

| 故障代码 | 故障描述／条件 | 故障部位／排除方法 |
|---|---|---|
| P21E010 | SOC 不合理 | 电池包内部（根据详细DTC故障码结果处理，包括CSCWakeup电流短路、CSCPCB板载温度过高、均衡回路故障） |
| P21F179 | 电池温度高于可操作温度的上限值 | 电池包内部（重新上下电） |
| P21F17A | 电池温度低于可操作温度的下限值 | |
| P21F17B | 电池温度高于质保温度的上限值 | |
| P21F17D | 电池温度高于安全温度的上限值 | |
| P21F17E | 电池温度低于质保温度的下限值 | |
| P21F17F | 电池温度不合理（安全级别） | 电池包内部（电池温度异常） |
| P21F710 | CSC 采样线松动 | 电池包内部（检测CSC采样线松动或掉线） |
| P21F180 | 电池老化：电池健康状态过低（告警级别） | 电池包内部（电芯有老化，建议更换电池包） |
| P21F181 | 电池老化：电池健康状态过低（故障级别） | |
| P21F186 | 电芯电压严重不均衡（最严重） | 电池包内部（电芯已严重不均衡，建议更换电池包） |
| P21F048 | 电芯极限过压 | |
| P21F300 | 电压传感器故障 | |
| P21F301 | 温度传感器故障（严重） | 电池包内部（更换CSC采样线或模组线或CSC） |
| P21E025 | 充电故障：快充设备故障 | 检查外部快充、主回路、MSD高压连接器插件和内外部高压线路 |
| P21E026 | 充电故障：车载充电机故障 | |
| P21E02A | 整车非期望的整车停止充电 | |
| P21F711 | 均衡停止原因：CSC 唤醒电流短路 | |
| P21F713 | 均衡停止原因：均衡回路故障 | |
| P21F401 | 继电器外侧高压大于内侧高压 | |
| P21F311 | 连续预充失败超过最大次数 | |
| P21E01B | 充电机与BMS功率不匹配故障（无法充电） | 检查充电机和BMS，更换合适的充电机或BMS |

| 故障代码 | 故障描述／条件 | 故障部位／排除方法 |
| --- | --- | --- |
| P21F13E | 预充电流过大 | 电池包内部（检查预充电阻是否装小） |
| P21F501 | 充电时放电电流大于 30A | |
| P21F13F | 预充电流反向 | |
| P21F140 | 预充时间过长 | |
| P21F049 | 电芯极限欠压 | |
| P21F142 | 预充短路 | |
| P21F024 | BMS 的 12V 供电电源电压过低故障 | BMS（检查 12V 供电电源） |
| P21F025 | BMS 的 12V 供电电源电压过高故障 | |
| P21F026 | BMU 非预期的下电故障 | 电池包内部（BMU 异常下电，重新上电） |
| P21F027 | BMU 非预期的重启故障 | 电池包内部（BMU 异常重启，重新上电） |
| P21E135 | 上高压过程中传感器失效 | 电池包内部（重新上电） |
| P21E141 | VCU6 级故障响应超时 | 电池包内部（重新上电） |
| P21F028 | ROM 自检失败 | 电池包内部（重新上电，不恢复更换 BMU 板子） |
| P21F029 | RAM 自检失败 | |
| P21F02A | 高压继电器闭合的前提下，绝缘故障（最严重） | 电池包内部（检查 PACK 绝缘） |
| P21F02B | 高压继电器断开的前提下，绝缘故障（最严重） | |
| P21F02C | 绝缘测量故障 | 电池包内部（更换 BMU） |
| P21E110 | 热管理故障：入水口温度传感器故障 | |
| P21E111 | 热管理故障：出水口温度传感器故障 | |

## 2．BMS 通信线路故障

（1）通信故障故障码。通信故障会报故障码 U0AC47D，A-CAN 总线故障；U0AC486，BMUCAN 网络中断故障；以及 CAN 线故障 U0AD400、U0AD415、U0AD416、U0AD401、U0AD407、U0AD408、U0AD409、U0AD40A、U0AD40B。BMS 通信线路电路图见图 2-4。

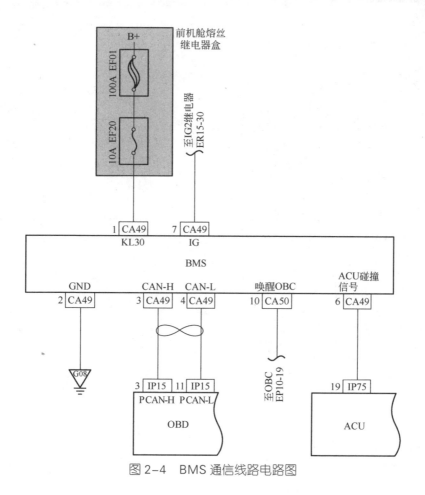

图 2-4　BMS 通信线路电路图

（2）检查和诊断步骤。

**第一步** 1

使用故障诊断仪读取故障代码。

① 操作启动开关使电源模式至 ON 状态。

② 连接故障诊断仪，读取系统故障代码。

③ 确认系统是否存在其他故障代码：如果系统存在其他故障代码则优先排除其他故障代码指示故障；如果系统不存在其他故障代码请执行下一步。

**第二步** 2

检查 BMS 的通信线路。

维修图解

① 操作启动开关使电源模式至 OFF 状态。

② 断开 BMS 线束连接器 CA49。

③ 如图 2-5 所示，用万用表测量 BMS 线束连接器 CA49 端 4 和诊断接口 IP15 端 11 之间的电阻。电阻标准值为小于 1Ω。

④ 如图 2-5 所示，用万用表测量 BMS 线束连接器 CA49 端子 3 和诊断接口 IP15 端子 3 之间的电阻。电阻标准值为小于 1Ω。

⑤ 确认测量值是否符合标准：如果测量值不符合标准则需要修理或更换线束；如果符合标准请执行下一步。

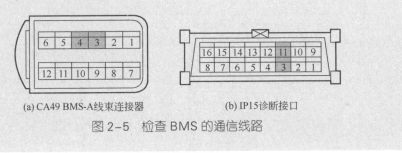

(a) CA49 BMS-A线束连接器　　　　　　(b) IP15诊断接口

图 2-5　检查 BMS 的通信线路

**第三步 3**

进行 P-CAN 网络完整性检查。

① 操作启动开关使电源模式至 OFF 状态。

② 用万用表测量终端接口 IP15 端子 3 和端子 11 之间的电阻值。标准电阻为 55 ～ 67.5Ω。

③ 确认测量值是否符合标准：如果不符合标准则优先排除 CAN 网络不完整故障；如果符合标准请执行下一步。

**第四步 4**

更换 BMS。

① 操作启动开关使电源模式至 OFF 状态。

② 断开蓄电池负极电缆。

③ 拆卸维修开关。

④ 拆卸电池包，更换电池包 BMS。

⑤ 确认故障排除。

## 第五步 05

诊断结束。

### 3. 故障码 P21F102、P21F103（表 2-2）

表 2-2　故障码说明

| 故障码 | 说　　明 |
| --- | --- |
| P21F102 | 可逆的碰撞信号发生（仅有 ACAN 信号） |
| P21F103 | 不可逆的碰撞信号发生 |

检查和诊断步骤如下。

## 第一步 01

使用故障诊断仪读取故障代码。

① 操作启动开关使电源模式至 ON 状态。

② 连接故障诊断仪，读取系统故障代码。

③ 确认系统是否存在其他故障代码：如果系统存在其他故障代码则优先排除其他故障代码指示故障；如果系统不存在其他故障代码请执行下一步。

## 第二步 02

检查 BMS 与 ACU 之间的线路断路故障。

维修图解

① 操作启动开关使电源模式至 OFF 状态。

② 断开 BMS 线束连接器 CA49，如图 2-6（a）所示。

③ 断开 ACU 线束连接器 IP75，如图 2-6（b）所示。

④ 用万用表测量 BMS 线束连接器 CA49 端 6 和 ACU 线束连接器 IP75 端子 19 之间的电阻。电阻标准值为小于 1Ω。

⑤ 确认测量值是否符合标准：如果测量值不符合标准请修理或更换线束；如果测量值符合标准请执行下一步。

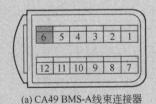

(a) CA49 BMS-A线束连接器　　　　(b) IP75安全气囊模块A线束连接器

图 2-6　线束连接器

## 第三步 3

检查 BMS 与 ACU 之间的线路对地短路故障。

① 操作启动开关使电源模式至 OFF 状态。

② 断开 BMS 线束连接器 CA49。

③ 断开 ACU 线束连接器 IP75。

④ 用万用表测量 BMS 线束连接器 CA49 端子 6 和车身可靠接地之间的电阻。电阻标准值为 10kΩ 或更高。

⑤ 确认测量值是否符合标准：如果测量值不符合标准请修理或更换线束；如果测量值符合标准请执行下一步。

## 第四步 4

检查 BMS 与 ACU 之间的线路对电源短路故障。

① 操作启动开关使电源模式至 OFF 状态。

② 断开 BMS 线束连接器 CA49。

③ 断开 ACU 线束连接器 IP75。

④ 操作启动开关使电源模式至 ON 状态。

⑤ 用万用表测量 BMS 线束连接器 CA49 端子 6 和车身可靠接地之间的电压。电压标准值为 0。

⑥ 确认测量值是否符合标准：如果测量值不符合标准请修理或更换线束；如果测量值符合标准请执行下一步。

## 第五步 5

更换 BMS。

① 操作启动开关使电源模式至 OFF 状态。

② 断开蓄电池负极电缆。

③ 拆卸维修开关。

④ 拆卸电池包，更换电池包 BMS。

⑤ 确认故障是否排除。如果没有排除请更换 ACU。

## 第六步 6

诊断结束。

### 4. 故障码 P21F024、P21F025（表 2-3）

表 2-3 故障码说明

| 故障码 | 说　　明 |
|---|---|
| P21F024 | BMS 的 12V 供电电源电压过低故障 |
| P21F025 | BMS 的 12V 供电电源电压过高故障 |

检查和诊断步骤如下。

## 第一步 1

检查蓄电池电压。

① 操作启动开关使电源模式至 OFF 状态。

② 用万用表测量蓄电池正负极之间的电压。电压标准值为 11 ～ 14V。

③ 确认测量值是否符合标准：如果测量值不符合标准请检查充电系统或对蓄电池充电；如果测量值符合标准请执行下一步。

## 第二步 2

检查 BMS 熔丝。

① 操作启动开关使电源模式至 OFF 状态。

② 拔下熔丝 EF20，检查熔丝是否熔断（熔丝额定容量为 10A）：如果熔

丝已经熔断请检修熔丝线路，更换额定容量熔丝；如果熔丝没有熔断请执行下一步。

 **第三步** ❸

检查 BMS 电源线路。

 **维修图解**

① 操作启动开关使电源模式至 OFF 状态。

② 断开 BMS 线束连接器 CA49。

③ 操作启动开关使电源模式至 ON 状态。

④ 用万用表测量 BMS 束连接器 CA49 的 1 号端子（图 2-7）和车身可靠接地之间的电压。电压标准值为 11 ～ 14V。

⑤ 用万用表测量 BMS 束连接器 CA49 的 7 号端子（图 2-7）和车身可靠接地之间的电压。电压标准值为 11 ～ 14V。

⑥ 确认测量值是否符合标准：如果测量值不符合标准请修理或更换线束；如果测量值符合标准请执行下一步。

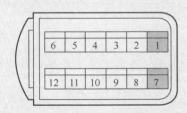

图 2-7　CA49 BMS-A 线束连接器

 **第四步** ❹

检查 BMS 接地线路。

 **维修图解**

① 操作启动开关使电源模式至 OFF 状态。

② 断开 BMS 线束连接器 CA49。

③ 用万用表测量 BMS 线束连接器 CA49 的 2 号端子（图 2-8）和车身可靠接地之间的电阻。标准电阻为小于 1Ω。

④ 确认测量值是否符合标准：如果测量值不符合标准请修理或更换线束；如果测量值符合标准请执行下一步。

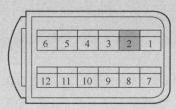

图 2-8　CA49 BMS-A 线束连接器 2 号端子

**第五步 5**

更换 BMS。

① 操作启动开关使电源模式至 OFF 状态。

② 断开蓄电池负极电缆。

③ 拆卸电池包，更换电池包 BMS。

④ 确认故障排除。

**第六步 6**

诊断结束。

### 5．动力电池绝缘阻值检测

（1）故障代码：P21F02A，高压继电器闭合的前提下，绝缘故障（最严重）。

（2）电路简图：如图 2-9 所示动力电池绝缘阻值检测关联电路图。

（3）检查和诊断步骤。

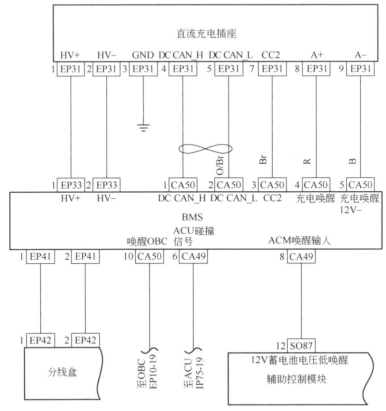

图 2-9 动力电池绝缘阻值检测关联电路图

 **第一步**

确认高压回路切断。

**维修图解**

① 操作启动开关使电源模式至 OFF 状态。

② 断开蓄电池负极电缆。

③ 拆卸维修开关。

④ 断开动力电池高压线线束连接器 EP41（图 2-10）。

⑤ 等待 5min。

⑥ 用万用表检测 EP41 端子 1 与端子 2 之间的电压（标准电压小

于或等于 5V）：如果电压高于标准值请等待高压系统电压下降；如果电压低于或等于标准值请执行下一步。

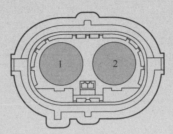

图 2-10 EP41 接动力电池线束连接器

**第二步 ②**

检测动力电池供电绝缘阻值。

① 操作启动开关使电源模式至 OFF 状态。

② 断开蓄电池负极电缆。

③ 拆卸维修开关。

④ 拆卸动力电池高压线线束连接器 EP41。

⑤ 将高压绝缘检测仪的档位调至 1000V。

⑥ 用高压绝缘检测仪测量动力电池高压线线束连接器 EP41 的 1 号端子与车身接地之间的电阻。标准电阻大于或等于 20MΩ。

⑦ 用高压绝缘检测仪测量动力电池高压线线束连接器 EP41 的 2 号端子与车身接地之间的电阻。标准电阻大于或等于 20MΩ。

⑧ 确认测量值是否符合标准：如果测量值不符合标准请修理或更换线束；如果测量值符合标准值请执行下一步。

**第三步 ③**

检测动力电池充电线路绝缘阻值。

 **维修图解**

① 操作启动开关使电源模式至 OFF 状态。

② 断开蓄电池负极电缆。

③ 拆卸维修开关。

④ 拆卸动力电池高压线线束连接器 EP33（图 2-11）。

⑤ 将高压绝缘检测仪的档位调至 1000V。

⑥ 用高压绝缘检测仪测量动力电池高压线线束连接器 EP33 的 1 号端子与车身接地之间的电阻。标准电阻大于或等于 20MΩ。

⑦ 用高压绝缘检测仪测量动力电池高压线线束连接器 EP33 的 2 号端子与车身接地之间的电阻。标准电阻大于或等于 20MΩ。

⑧ 确认测量值是否符合标准：如果测量值不符合标准请修理或更换线束；如果测量值符合标准请进行下一步。

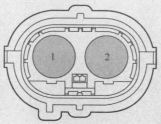

图 2-11　EP33 动力电池线束连接器（直流充电）

**第四步 4**

绝缘阻值正常。

## 四、动力电池的拆卸与安装

### 1. 维修开关拆卸

（1）打开前机舱盖。

（2）断开蓄电池负极电缆。

（3）拆卸维修开关。

 维修图解

① 打开副仪表储物盒盖板。

② 拆卸副仪表板储物盒。

③ 如图 2-12 所示，拇指按住维修开关把手卡扣，其余手指按住把手，垂直拔出维修开关插头。

④ 关闭副仪表储物盒盖板。

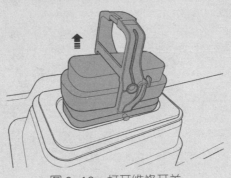

图 2-12 打开维修开关

Tips 维修提示

注意防止异物落入维修开关插座造成维修开关短路。

## 2. 安装维修开关程序

（1）安装维修开关。

① 打开副仪表储物盒盖板。

② 连接维修开关。

③ 安装副仪表板储物盒。

④ 关闭副仪表储物盒盖板。

（2）连接蓄电池负极。

（3）关闭前机舱盖。

## 3. 动力电池总成更换

（1）拆卸程序。

① 打开前机舱盖。

② 断开蓄电池负极电缆。

③ 拆卸维修开关。

④ 支撑动力电池总成。

维修图解

如图 2-13 所示，将车辆用举升机升起。置入平台车，使用平台车支撑动力电池总成。

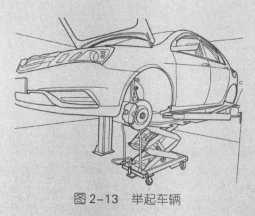

图 2-13　举起车辆

⑤ 拆卸动力电池总成。

维修图解

如图 2-14 所示，断开动力电池的 2 个高压线束连接器 3。断开动力电池与前机舱线束的 2 个线束连接器 2。拆卸动力电池搭铁线固定螺母，断开动力电池搭铁线 1。

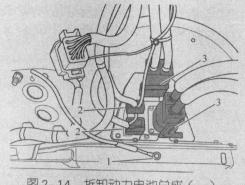

图 2-14　拆卸动力电池总成（一）

如图 2-15 所示，拆卸动力电池总成后部 3 个固定螺栓。

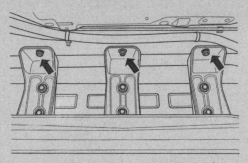

图 2-15　拆卸动力电池总成（二）

如图 2-16 所示，拆卸动力电池总成前部 2 个固定螺栓 1。拆卸动力电池总成左右固定螺栓 2。缓慢下降平台车取出动力电池总成。

注意：动力电池下降过程中平台车缓慢向前移动，可以避免动力电池与后悬架的干涉。

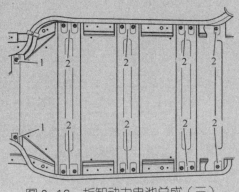

图 2-16　拆卸动力电池总成（三）

（2）安装程序。

① 安装动力电池总成。

维修图解

如图 2-17 所示，缓慢举升平台车，调整平台车位置，使动力电池总成上的安装孔与车身对齐。

注意：动力电池上升过程中，将举升平台缓慢向后移动，可以避免动力电池与车身的干涉。

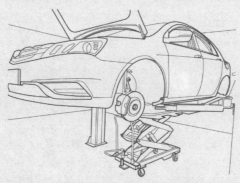

图 2-17　安装动力电池总成（一）

② 安装并紧固动力电池总成后部 3 个固定螺栓。

③ 安装并紧固动力电池总成前部 2 个固定螺栓。

④ 安装并紧固动力电池总成左右固定螺栓。

 维修图解

如图 2-18 所示，安装动力电池搭铁线，紧固动力电池搭铁线固定螺母 1。连接动力电池与前机舱线束的线束连接器 2。连接动力电池的高压线束连接器 3。注意：插接时注意"一插、二响、三确认"。

安装动力电池维修开关。连接蓄电池负极。关闭前机舱盖。

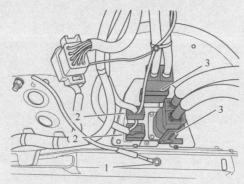

图 2-18　安装动力电池总成（二）

# 第三节　高压配电系统

## 一、高压配电系统概述

### 1. 高压配电系统部件组成

高压配电系统主要包括分线盒、直流充电接口、交流充电接口、直流母线、电机三相线。所有高压线缆均为橙色，车辆上电时不要触碰这些线缆和部件，高压线缆接插件拔出后，立即用绝缘胶带包裹。高压配电系统组成和部件布局见图 2-19。

图 2-19　高压配电系统部件布局

1—分线盒；2—直流母线；3—电机三相线（束）；4—交流充电接口（如配备）；5—直流充电接口

### 2. 高压配电系统任务功能

 维修图解

　　纯电动车有一套高压配电系统。如图 2-20 所示，高压配电系统由动力电池为电机控制器、驱动电机、电动压缩机、PTC 加热器等高压部件提供能量。此外动力电池还有一套直流快充充电系统和一套交流慢充充电系统。这些所有的高压部件都由高压配电系统连接输送电能。

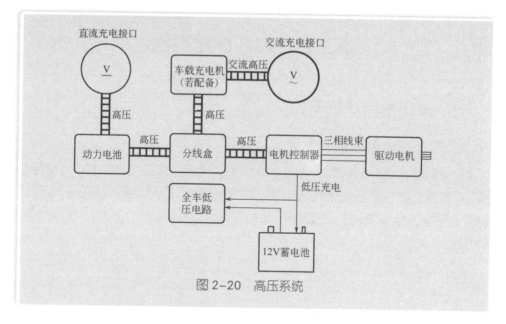

图 2-20　高压系统

# 二、高压配电系统原理

高压配电系统原理示意图见图 2-21。

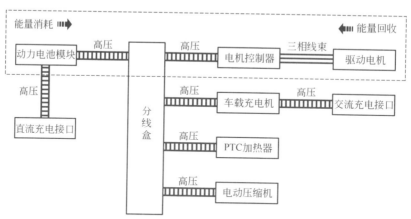

图 2-21　高压配电系统电气原理图

## 1. 分线盒

 维修图解

分线盒也叫高压配电箱，是将动力电池总成输送的电能分配给电机控制器、空调压缩机和 PTC 加热器。此外，交流慢充时，充电电流也会经过分线盒流入动力电池为其充电。

分线盒内对电动压缩机回路、PTC 加热器回路、交流慢充回路各设有一个的熔断器。当上述回路电流超过 90A 时，熔断器会在 15s 内熔断；当回路电流超过 150A 时，熔断器会在 1s 内熔断，保护相关回路。分线盒电器原理如图 2-22 所示。

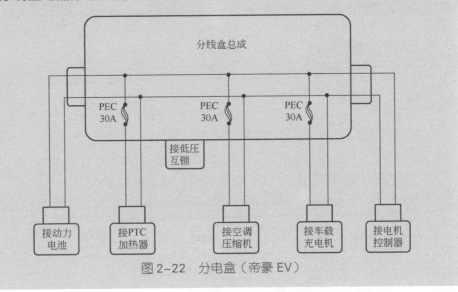

图 2-22　分电盒（帝豪 EV）

### 2. 直流充电接口

直流充电接口能接收直流充电桩的电能，并通过高压线束将电能输送给动力电池总成，为其充电。

### 3. 交流充电接口（如配备）、直流母线

 维修图解

如图 2-23 所示，交流充电接口能接收交流充电桩的电能，并通过高压线束将电能输送给车载充电机，车载充电机将交流电转化成直流电再传递给分线盒，分线盒经过直流母线将直流电传递到动力电池，为其充电。

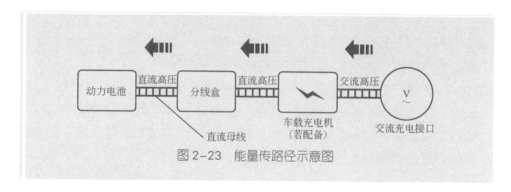

图2-23　能量传路径示意图

## 4. 电机三相线

维修图解

　　车辆行驶时,电流从动力电池依次经过直流母线、分线盒、电机控制器高压线、电机控制器、电机三相线到达驱动电机,产生驱动力,能量传递路径示意图见图2-24(能量回收时传递路线相反)。

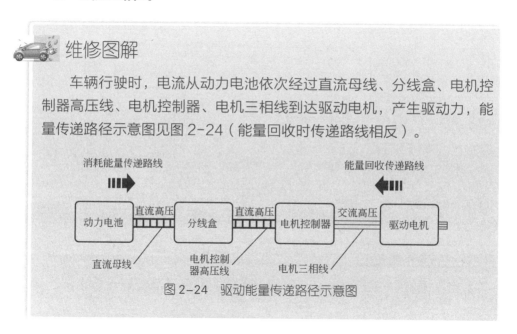

图2-24　驱动能量传递路径示意图

## 三、高压线束连接器操作

### 1. 第一种高压接插件(图2-25)

①用手或起子轻撬助力手柄锁扣。

②将助力手柄脱出锁头,然后缓慢向上抬高助力手柄,接插件会慢慢退出。

③当助力手柄由水平位置变到垂直位置时,接插件已全部处于拔出状态。

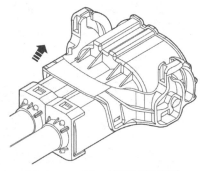

图 2-25 第一种高压接插件

## 2．第二种高压接插件（图 2-26）

（1）按住①后，将接插件往外拔，听到"咔"响声后停止。

（2）按住②后，将接插件往外拔，直到拔出为止。

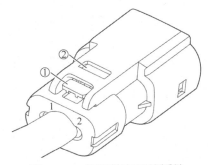

图 2-26 第二种高压接插件

## 四、高压配电系统检查和诊断

熟悉系统功能和操作内容以后再开始系统诊断，这样在出现故障时有助于确定正确的故障诊断步骤，更重要的是这样还有助于确定客户描述的状况是否属于正常操作。

### 1．目视检查

① 检查可能影响高压配电系统的加装电器设备。

② 检查易于接触或能够看到的系统部件，以查明其是否有明显损坏或存在可能导致故障的情况。

③ 检查分线盒内部是否有水或者灰尘等异物。

④ 检查分线盒高压线束连接器是否松动，内部是否有锈蚀的迹象。

## 2. 故障类型（表2-4）

表2-4　故障表

| 故障症状 | 可能生成故障的原因 |
|---|---|
| 电机控制器回路故障 | ①回路断路故障 |
| | ②回路绝缘故障 |
| | ③回路相互短路故障 |
| | ④分线盒故障 |
| 动力电池回路故障 | ①回路断路故障 |
| | ②回路绝缘故障 |
| | ③回路相互短路故障 |
| | ④分线盒故障 |
| 车载充电机回路故障 | ①分线盒熔断器故障 |
| | ②回路断路故障 |
| | ③回路绝缘故障 |
| | ④回路相互短路故障 |
| | ⑤分线盒故障 |
| 压缩机回路故障 | ①分线盒熔断器故障 |
| | ②回路断路故障 |
| | ③回路绝缘故障 |
| | ④回路相互短路故障 |
| | ⑤分线盒故障 |
| PTC加热器回路故障 | ①分线盒熔断器故障 |
| | ②回路断路故障 |
| | ③回路绝缘故障 |
| | ④回路相互短路故障 |
| | ⑤分线盒故障 |

### 3. 电机控制器回路故障

**维修图解**

电机控制器回路关联电路简图如图 2-27 所示。在执行诊断步骤之前，应该检测故障诊断仪的数据列表，分析各项数据的准确性，这样有助于快速排除故障。

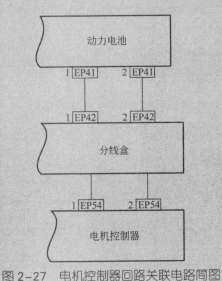

图 2-27　电机控制器回路关联电路简图

**第一步 1**

使用故障诊断仪读取故障代码。

① 操作启动开关使电源模式至 ON 状态。

② 连接故障诊断仪，读取系统故障代码。

③ 确认系统是否存在其他故障代码：如果系统存在其他故障代码请优先排除其他故障代码指示故障；如果系统不存在其他故障代码请执行下一步。

**第二步 2**

检查回路绝缘故障。

维修图解

① 操作启动开关使电源模式至 OFF 状态。

② 断开蓄电池负极电缆。

③ 拆卸维修开关。

④ 断开电机控制器线束连接器 EP54（图 2-28）。

⑤ 用兆欧表测量电机控制器线束连接器 EP54 端子 1 和分线盒壳体之间的电阻。标准电阻大于或等于 20MΩ。

⑥ 用兆欧表测量电机控制器线束连接器 EP54 端子 2 和分线盒壳体之间的电阻。标准电阻大于或等于 20MΩ。

⑦ 确认测量值是否符合标准：如果测量值不符合标准请修理或更换线束；如果测量值符合标准值请执行下一步。

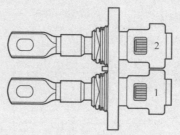

图 2-28　EP54 接 PEU 线束连接器

## 第三步 ❸

检查回路断路故障。

 维修图解

① 操作启动开关使电源模式至 OFF 状态。

② 断开蓄电池负极电缆。

③ 拆卸维修开关。

④ 断开直流母线线束连接器 EP41（图 2-29）。

⑤ 断开电机控制器线束连接器 EP54。

⑥ 用万用表测量直流母线线束连接器 EP41 端子 1 和电机控制器线束连接器 EP54 端子 1 之间的电阻。电阻标准值小于 1Ω。

⑦ 用万用表测量直流母线线束连接器 EP41 端子 2 和电机控制器线束连接器 EP54 端子 2 之间的电阻。电阻标准值小于 1Ω。

⑧ 确认测量值是否符合标准：如果测量值不符合标准值请修理或更换线束；如果测量值符合标准值请执行下一步。

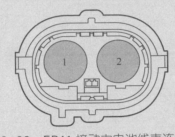

图 2-29　EP41 接动力电池线束连接器

## 第四步 4

检查回路短路故障。

① 操作启动开关使电源模式至 OFF 状态。

② 断开蓄电池负极电缆。

③ 拆卸维修开关。

④ 断开电机控制器线束连接器 EP54。

⑤ 断开分线盒其他所有高压线束连接器。

⑥ 用万用表测量电机控制器线束连接器 EP54 端子 2 与端子 1 之间的电阻。标准电阻大于或等于 20MΩ。

⑦ 确认测量值是否符合标准：如果测量值不符合标准值请修理或更换线束；如果测量值符合标准值请执行下一步。

## 第五步 5

更换分线盒。

① 操作启动开关使电源模式至 OFF 状态。

② 断开蓄电池负极电缆。

③ 拆卸维修开关。

④ 更换分线盒。

⑤ 确认故障排除。

## 第六步 6

诊断结束。

### 4. 动力电池回路故障

## 第一步 1

使用故障诊断仪读取故障代码。

① 操作启动开关使电源模式至 ON 状态。

② 连接故障诊断仪，读取系统故障代码。

③ 确认系统是否存在其他故障代码：如果系统存在其他故障代码请优先排除其他故障代码指示故障；如果系统不存在其他故障代码请执行下一步。

## 第二步 2

检查回路绝缘故障。

① 操作启动开关使电源模式至 OFF 状态。

② 断开蓄电池负极电缆。

③ 拆卸维修开关。

④ 断开直流母线线束连接器 EP41。

⑤ 用兆欧表测量直流母线线束连接器 EP41 端子 1 和分线盒壳体之间的电阻。标准电阻大于或等于 20MΩ。

⑥ 用兆欧表测量直流母线线束连接器 EP41 端子 2 和分线盒壳体之间的电阻。标准电阻大于或等于 20MΩ。

⑦ 确认测量值是否符合标准：如果测量值不符合标准值请修理或更换线束；如果测量值符合标准值请执行下一步。

## 第三步 3

检查回路断路故障。

① 操作启动开关使电源模式至 OFF 状态。

② 断开蓄电池负极电缆。

③ 拆卸维修开关。

④ 断开直流母线线束连接器 EP41。

⑤ 断开电机控制器线束连接器 EP54。

⑥ 用万用表测量直流母线线束连接器 EP41 端子 1 和电机控制器线束连接器 EP54 端子 1 之间的电阻。电阻标准值小于 1Ω。

⑦ 用万用表测量直流母线线束连接器 EP41 端子 2 和电机控制器线束连接器 EP54 端子 2 之间的电阻。电阻标准值小于 1Ω。

⑧ 确认测量值是否符合标准：如果测量值不符合标准值请修理或更换线束；如果测量值符合标准值请执行下一步。

## 第四步 4

检查回路短路故障。

① 操作启动开关使电源模式至 OFF 状态。

② 断开蓄电池负极电缆。

③ 拆卸维修开关。

④ 断开直流母线线束连接器 EP41。

⑤ 断开分线盒其他所有高压线束连接器。

⑥ 用万用表测量直流母线线束连接器 EP41 端子 2 与端子 1 之间的电阻。标准电阻大于或等于 20MΩ。

⑦ 确认测量值是否符合标准：如果测量值不符合标准值请修理或更换线束；如果测量值符合标准值请执行下一步。

## 第五步 5

更换分线盒。

① 操作启动开关使电源模式至 OFF 状态。

② 断开蓄电池负极电缆。

③ 拆卸维修开关。

④ 更换分线盒。

⑤ 确认故障排除。

**第六步 06**

诊断结束。

### 5. 车载充电机回路故障（图 2-30）

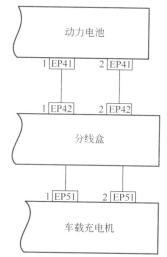

图 2-30　车载充电机回路电路简图

**第一步 01**

使用故障诊断仪读取故障代码。

① 操作启动开关使电源模式至 ON 状态。

② 连接故障诊断仪，读取系统故障代码。

③ 确认系统是否存在其他故障代码：如果系统存在其他故障代码请优先排除其他故障代码指示故障；如果系统不存在其他故障代码请执行下一步。

**第二步 02**

检查分线盒熔断器是否熔断。

① 操作启动开关使电源模式至 OFF 状态。

② 断开蓄电池负极电缆。

③ 拆卸维修开关。

④ 拆卸分线盒上盖，用万用表测量分线盒熔断器两端的电阻。标准电阻

小于 1Ω。

⑤ 确认测量值是否符合标准: 如果测量值不符合标准值请检修熔丝线路，更换额定容量熔断器; 如果测量值符合标准值请执行下一步。

**第三步 03**

检查回路绝缘故障。

 维修图解

① 操作启动开关使电源模式至 OFF 状态。

② 断开蓄电池负极电缆。

③ 拆卸维修开关。

④ 断开车载充电机线束连接器 EP51 (图 2-31)。

⑤ 用兆欧表测量车载充电机线束连接器 EP51 端子 1 和分线盒壳体之间的电阻。标准电阻大于或等于 20MΩ。

⑥ 用兆欧表测量车载充电机线束连接器 EP51 端子 2 和分线盒壳体之间的电阻。标准电阻大于或等于 20MΩ。

⑦ 确认测量值是否符合标准: 如果测量值不符合标准值，请修理或更换线束; 如果测量值符合标准值，请执行下一步。

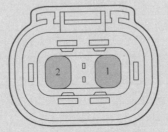

图 2-31　EP51 接充电机线束连接器

**第四步 04**

检查回路断路故障。

① 操作启动开关使电源模式至 OFF 状态。

② 断开蓄电池负极电缆。

③ 拆卸维修开关。

④ 断开直流母线线束连接器 EP41。

⑤ 断开车载充电机线束连接器 EP51。

⑥ 用万用表测量直流母线线束连接器 EP41 端子 1 和车载充电机线束连接器 EP51 端子 1 之间的电阻。电阻标准值小于 1Ω。

⑦ 用万用表测量直流母线线束连接器 EP41 端子 2 和车载充电机线束连接器 EP51 端子 2 之间的电阻。电阻标准值小于 1Ω。

⑧ 确认测量值是否符合标准：如果测量值不符合标准值，请修理或更换线束；如果测量值符合标准值，请执行下一步。

### 第五步 5

检查回路短路故障。

① 操作启动开关使电源模式至 OFF 状态。

② 断开蓄电池负极电缆。

③ 拆卸维修开关。

④ 断开车载充电机线束连接器 EP51。

⑤ 断开分线盒其他所有高压线束连接器。

⑥ 用万用表测量车载充电机线束连接器 EP51 端子 2 与端子 1 之间的电阻。标准电阻大于或等于 20MΩ。

⑦ 确认测量值是否符合标准：如果测量值不符合标准值，请修理或更换线束；如果测量值符合标准值，请执行下一步。

### 第六步 6

更换分线盒。

① 操作启动开关使电源模式至 OFF 状态。

② 断开蓄电池负极电缆。

③ 拆卸维修开关。

④ 更换分线盒。

⑤ 确认故障排除。

### 第七步 7

诊断结束。

## 6. 压缩机回路故障（图2-32）

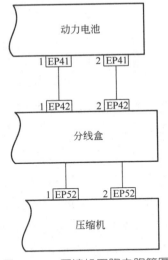

图2-32 压缩机回路电路简图

**第一步 1**

使用故障诊断仪读取故障代码。

① 操作启动开关使电源模式至 ON 状态。

② 连接故障诊断仪，读取系统故障代码。

③ 确认系统是否存在其他故障代码：如果系统存在其他故障代码，请优先排除其他故障代码指示故障；如果系统不存在其他故障代码，请执行下一步。

**第二步 2**

检查分线盒熔断器是否熔断。

① 操作启动开关使电源模式至 OFF 状态。

② 断开蓄电池负极电缆。

③ 拆卸维修开关。

④ 拆卸分线盒上盖，用万用表测量分线盒熔断器两端的电阻。标准电阻小于 1Ω。

⑤ 确认测量值是否符合标准：如果测量值不符合标准值，请检修熔丝线路，更换额定容量熔断器；如果测量值符合标准值，请执行下一步。

第三步 **03**

检查回路绝缘故障。

 **维修图解**

① 操作启动开关使电源模式至 OFF 状态。

② 断开蓄电池负极电缆。

③ 拆卸维修开关。

④ 断开压缩机线束连接器 EP52（图 2-33）。

⑤ 用兆欧表测量压缩机线束连接器 EP52 端子 1 和分线盒壳体之间的电阻。标准电阻大于或等于 20MΩ。

⑥ 用兆欧表测量压缩机线束连接器 EP52 端子 2 和分线盒壳体之间的电阻。标准电阻大于或等于 20MΩ。

⑦ 确认测量值是否符合标准：如果测量值不符合标准值，请修理或更换线束；如果测量值符合标准值，请执行下一步。

图 2-33　EP52 接压缩机线束连接器

第四步 **04**

检查回路断路故障。

① 操作启动开关使电源模式至 OFF 状态。

② 断开蓄电池负极电缆。

③ 拆卸维修开关。

④ 断开直流母线线束连接器 EP41。

⑤ 断开压缩机线束连接器 EP52。

⑥ 用万用表测量直流母线线束连接器 EP41 端子 1 和压缩机线束连接器 EP52 端子 1 之间的电阻。电阻标准值小于 1Ω。

⑦ 用万用表测量直流母线线束连接器 EP41 端子 2 和压缩机线束连接器 EP52 端子 2 之间的电阻。电阻标准值小于 1Ω。

⑧ 确认测量值是否符合标准：如果测量值不符合标准值，请修理或更换线束；如果测量值符合标准值，请执行下一步。

## 第五步 5

检查回路短路故障。

① 操作启动开关使电源模式至 OFF 状态。

② 断开蓄电池负极电缆。

③ 拆卸维修开关。

④ 断开压缩机线束连接器 EP52。

⑤ 断开分线盒其他所有高压线束连接器。

⑥ 用万用表测量压缩机线束连接器 EP52 端子 2 与端子 1 之间的电阻。标准电阻大于或等于 20MΩ。

⑦ 确认测量值是否符合标准：如果测量值不符合标准值，请修理或更换线束；如果测量值符合标准值，请执行下一步。

## 第六步 6

更换分线盒。

① 操作启动开关使电源模式至 OFF 状态。

② 断开蓄电池负极电缆。

③ 拆卸维修开关。

④ 更换分线盒。

⑤ 确认故障排除。

## 第七步 7

诊断结束。

## 7. 加热器回路故障（图2-34）

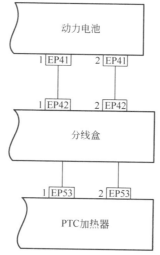

图2-34　加热器回路电路简图

### 第一步 **01**

使用故障诊断仪读取故障代码。

① 操作启动开关使电源模式至 ON 状态。

② 连接故障诊断仪，读取系统故障代码。

③ 确认系统是否存在其他故障代码：如果系统存在其他故障代码，请优先排除其他故障代码指示故障；如果系统不存在其他故障代码，请执行下一步。

### 第二步 **02**

检查分线盒熔断器是否熔断。

① 操作启动开关使电源模式至 OFF 状态。

② 断开蓄电池负极电缆。

③ 拆卸维修开关。

④ 拆卸分线盒上盖，用万用表测量分线盒熔断器两端的电阻；标准电阻小于 1Ω。

⑤ 确认测量值是否符合标准：如果测量值不符合标准值，请检修熔丝线路，更换额定容量熔断器；如果测量值符合标准值，请执行下一步。

第三步 **3**

检查回路绝缘故障。

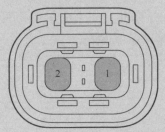

维修图解

① 操作启动开关使电源模式至 OFF 状态。

② 断开 PTC 加热器线束连接器 EP53（图 2-35）。

③ 用兆欧表测量 PTC 加热器线束连接器 EP53 端子 1 和分线盒壳体之间的电阻。标准电阻大于或等于 20MΩ。

④ 用兆欧表测量 PTC 加热器线束连接器 EP53 端子 2 和分线盒壳体之间的电阻。标准电阻大于或等于 20MΩ。

⑤ 确认测量值是否符合标准：如果测量值不符合标准值，请修理或更换线束；如果测量值符合标准值，请执行下一步。

图 2-35　EP53 接 PTC 线束连接器

第四步 **4**

检查回路断路故障。

① 操作启动开关使电源模式至 OFF 状态。

② 断开蓄电池负极电缆。

③ 拆卸维修开关。

④ 断开直流母线线束连接器 EP41。

⑤ 断开 PTC 加热器线束连接器 EP53。

⑥ 用万用表测量直流母线线束连接器 EP41 端子 1 和 PTC 加热器线束连接器 EP53 端子 1 之间的电阻。电阻标准值小于 1Ω。

⑦ 用万用表测量直流母线线束连接器 EP41 端子 2 和 PTC 加热器线束连接器 EP53 端子 2 之间的电阻。电阻标准值小于 1Ω。

⑧ 确认测量值是否符合标准：如果测量值不符合标准值，请修理或更换线束；如果测量值符合标准值，请执行下一步。

## 第五步 **5**

检查回路短路故障。

① 操作启动开关使电源模式至 OFF 状态。

② 断开蓄电池负极电缆。

③ 拆卸维修开关。

④ PTC 加热器线束连接器 EP53。

⑤ 断开分线盒其他所有高压线束连接器。

⑥ 用万用表测量 PTC 加热器线束连接器 EP53 端子 2 与端子 1 之间的电阻。标准电阻大于或等于 20MΩ。

⑦ 确认测量值是否符合标准：如果测量值不符合标准值，请修理或更换线束；如果测量值符合标准值，请执行下一步。

## 第六步 **6**

更换分线盒。

① 操作启动开关使电源模式至 OFF 状态。

② 断开蓄电池负极电缆。

③ 拆卸维修开关。

④ 更换分线盒。

⑤ 确认故障排除。

## 第七步 **7**

诊断结束。

# 五、高压配电系统的部件拆装

## 1. 分线盒总成更换

（1）拆卸程序。

① 打开前机舱盖。

② 断开蓄电池负极电缆。

③ 拆卸维修开关。

④ 拆卸电机控制器上盖。

⑤ 拆卸分线盒总成（图 2-36）。

 **维修图解**

a. 断开分线盒低压线束连接器 1。

b. 断开分线盒侧直流母线束连接器 2。

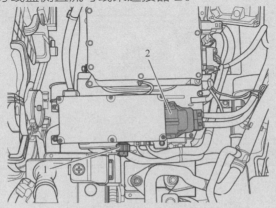

图 2-36　拆卸分线盒总成（一）

1—低压线束连接器；2—直流母线束连接器

c. 如图 2-37 所示，拆卸分线盒电机控制器高压线束连接器 2 个固定螺栓 1（电机控制器侧）。

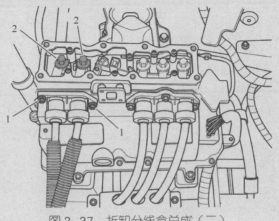

图 2-37　拆卸分线盒总成（二）

d. 拆卸分线盒电机控制器高压线束端子 2 个固定螺栓 2（电机控制器侧），脱开线束。

e. 如图 2-38 所示，断开 PTC 高压线。

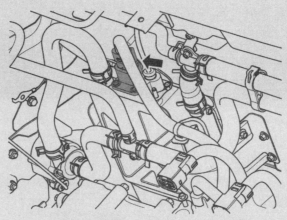

图 2-38　拆卸分线盒总成（三）

f. 断开分线盒充电机高压线（图 2-39）。

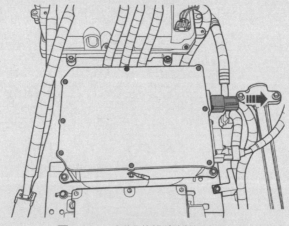

图 2-39　拆卸分线盒总成（四）

g. 断开空调高压线束（图 2-40）。

h. 拆卸 4 个分线盒固定螺栓（图 2-41）。

i. 脱开线束固定卡扣，取出分线盒总成。

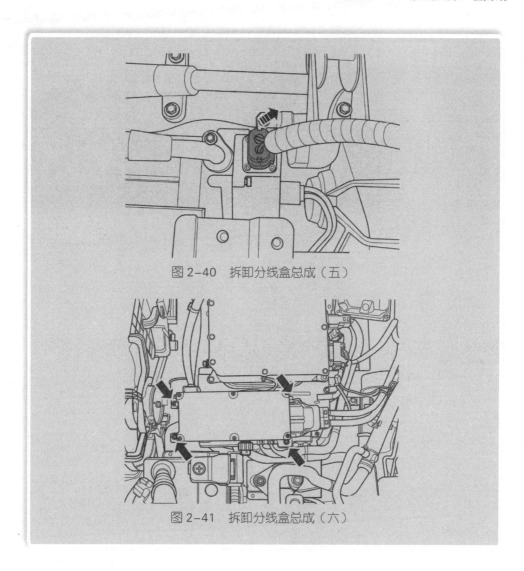

图2-40 拆卸分线盒总成（五）

图2-41 拆卸分线盒总成（六）

（2）安装程序。

① 安装分线盒总成。

 维修图解

a. 放置分线盒，紧固4个分线盒固定螺栓（图2-42）。

b. 连接线束固定卡扣。

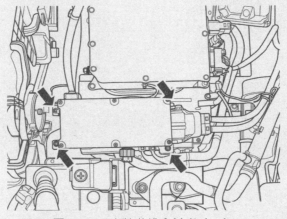

图 2-42　安装分线盒总成（一）

c. 如图 2-43 所示，紧固分线盒电机控制器高压线束端子 2 个固定螺栓 2（电机控制器侧）。

d. 紧固分线盒电机控制器高压线束连接器 2 个固定螺栓 1（电机控制器侧）。

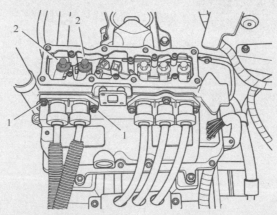

图 2-43　安装分线盒总成（二）

e. 如图 2-44 所示，连接分线盒侧直流母线束连接器 2。

f. 连接分线盒低压线束连接器 1。

安装插接时注意"一插、二响、三确认"。

g. 连接 PTC 高压线（图 2-45）。

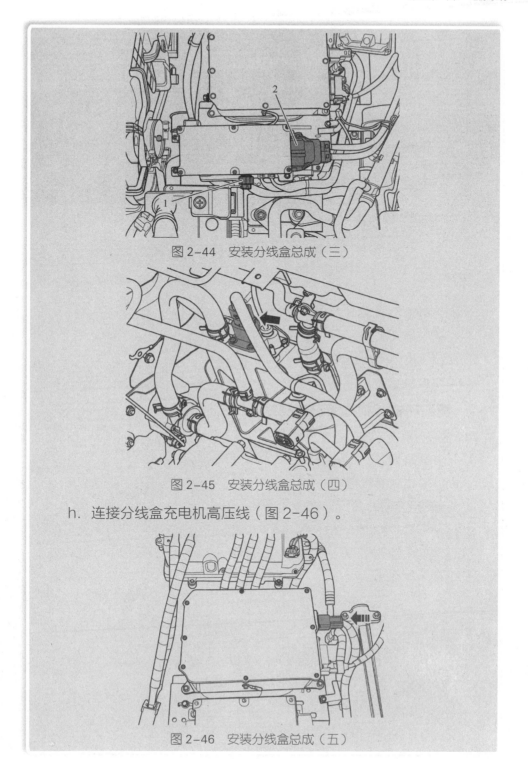

图 2-44 安装分线盒总成（三）

图 2-45 安装分线盒总成（四）

h. 连接分线盒充电机高压线（图 2-46）。

图 2-46 安装分线盒总成（五）

i. 连接空调高压线束（图2-47）。

图2-47　安装分线盒总成（六）

② 安装电机控制器上盖。

③ 安装维修开关。

④ 连接蓄电池负极电缆。

⑤ 关闭前机舱盖。

## 2. 驱动电机三相线束总成更换

（1）拆卸程序。

① 打开前机舱盖。

② 断开蓄电池负极电缆。

③ 拆卸维修开关。

④ 拆卸电机控制器上盖。

⑤ 拆卸电机控制器。

⑥ 拆卸三相线束。

 维修图解

a. 如图2-48所示，拆卸三相线束支架2个固定螺栓1。

b. 拆卸三相线束连接器3个固定螺栓2。

c. 拆卸电机线束盖板6个固定螺栓3，取下电机线束盖板及密封垫。

d. 如图2-49所示，拆卸三相线束3个端子固定螺栓，取下三相线束。

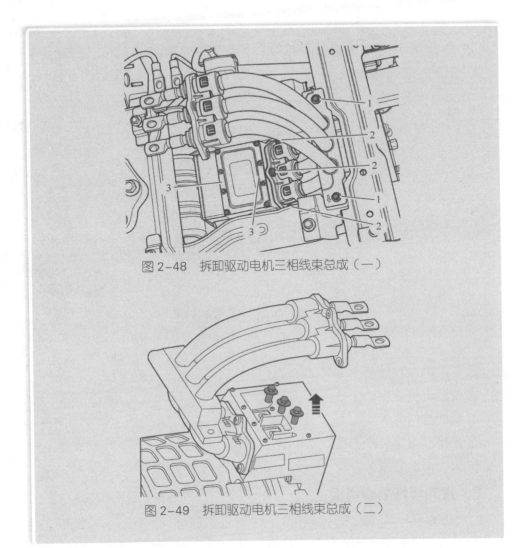

图 2-48　拆卸驱动电机三相线束总成（一）

图 2-49　拆卸驱动电机三相线束总成（二）

（2）安装程序。

① 安装三相线束。

维修图解

a. 放置三相线束，紧固 3 个端子固定螺栓。

b. 如图 2-50 所示，紧固三相线束支架 2 个固定螺栓 1。

c. 紧固三相线束连接器 3 个固定螺栓 2。

d. 放置电机线束盖板及密封垫，紧固电机线束盖板6个固定螺栓3。

注意：电机端盖合盖时，注意螺栓拆装顺序，密封良好。

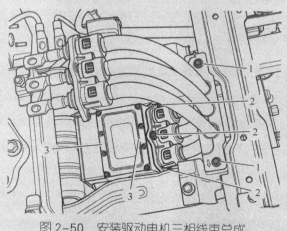

图2-50　安装驱动电机三相线束总成

② 安装电机控制器。

③ 安装电机控制器上盖。

④ 安装维修开关。

⑤ 连接蓄电池负极电缆。

⑥ 关闭前机舱盖。

### 3. 直流母线总成更换

（1）拆卸程序。

① 打开前机舱盖。

② 断开蓄电池负极电缆。

③ 拆卸维修开关。

④ 拆卸直流母线总成。

 维修图解

a. 断开直流母线总成线束连接器（动力电池侧），如图2-51所示。

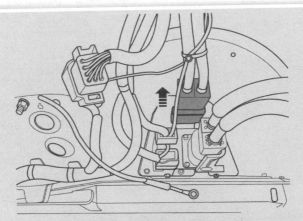

图 2-51 拆卸直流母线总成（一）

b. 断开直流母线总成线束连接器（分线盒侧），如图 2-52 所示。

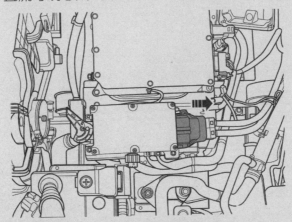

图 2-52 拆卸直流母线总成（二）

c. 脱开直流母线总成固定卡扣，取下直流母线总成，如图 2-53 所示。

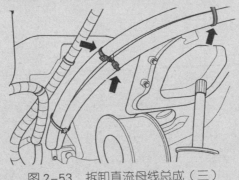

图 2-53 拆卸直流母线总成（三）

（2）安装程序。

① 安装直流母线总成。

 维修图解

a. 放置直流母线总成，连接线束固定卡扣（图2-54）。

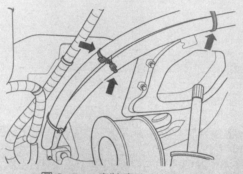

图2-54　安装直流母线总成

b. 连接直流母线总成线束连接器（分线盒侧）。

c. 连接直流母线总成线束连接器（动力电池侧）。

② 安装维修开关。

③ 连接蓄电池负极电缆。

④ 关闭前机舱盖。

# 第三章

# 驱动电机系统

## 第一节　概　述

　　驱动电机系统（图 3-1）是纯电动汽车三大核心部件之一，是车辆行驶的主要执行机构，其特性决定了车辆的主要性能指标，直接影响车辆动力性、经济性和用户驾乘感受。可见，驱动电机系统是纯电动汽车中十分重要的部件。

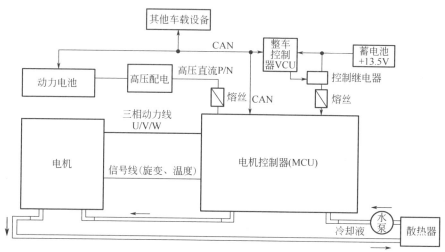

图 3-1　驱动电机系统连接示意图

 维修图解

　　驱动电机系统由驱动电机、驱动电机控制器构成，通过高低压线束、冷却管路，与整车其他系统作电气和散热连接。

　　电机控制器的一个重要功能是响应并反馈由整车控制器根据驾驶员意图发出的各种指令，实时调整驱动电机输出，以实现整车的怠速、前行、倒车、停车、能量回收以及驻坡等功能；电机控制器另一个重要功能是通信和保护，实时进行状态和故障检测，保护驱动电机系统和整车安全可靠运行。

# 第二节 电机控制系统

## 一、电机控制系统功能

### 1. 电机控制器

电机控制器安装在前舱内，采用 CAN 通信控制，控制着动力电池组到电机之间能量的传输，同时采集电机位置信号和三相电流检测信号，精确地控制驱动电机运行。电机控制系统电气原理示意图见图 3-2。

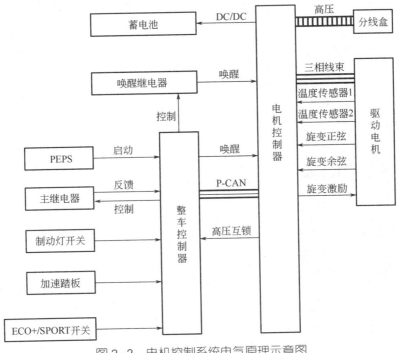

图 3-2　电机控制系统电气原理示意图

维修图解

　　电机控制器是一个既能将动力电池中的直流电转换为交流电以驱动电机，同时具备将车轮旋转的动能转换为电能（交流电转换为直流电）给动力电池充电的设备。

车辆制动或滑行阶段，电机作为发电机应用。它可以完成由车轮旋转的动能到电能的转换，给电池充电。

DC/DC 集成在电机控制器内部，其功能是将电池的高压电转换成低压电，提供整车低压系统供电。

电机控制器控制路径原理示意图见图 3-3。

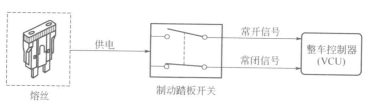

图 3-3　电机控制器控制路径原理示意图

### 2. 加速踏板位置传感器

如帝豪 EV 的加速踏板位置传感器设计成双输出传感器。两个传感器的输出电压信号都随加速踏板的位置增加而增加。

### 3. 制动踏板开关

当驾驶员踩下制动踏板，表现制动或减速意图时，制动踏板开关将踏板位置信号转换成电压信号，通过硬线传递给 VCU。制动踏板开关内部有两组开关，一组为常闭开关，一组为常开开关。VCU 通过两组开关输出电压的变化判断驾驶员的制动或减速意图。制动踏板开关信号传递路线如图 3-4 所示。

图 3-4　制动踏板开关信号传递线路

## 二、电机控制系统结构原理

### 1. 电机控制器结构

电机控制器内部包含 1 个 DC/AC 逆变器和 1 个 DC/DC 直流转换器。逆变器由 IGBT、直流母线电容、驱动和控制电路板等组成，实现直流（可变的电压、电流）与交流（可变的电压、电流、频率）之间的转变。直流转换器由高低压功率器件、变压器、电感、驱动和控制电路板等组成，实现直流高压向直流低压的能量传递。电机控制器还包含冷却器（通冷却液）给电子功率器件散热。电机控制器结构见图 3-5。电机控制器结构原理示意图见图 3-6。

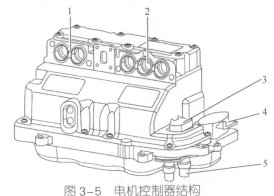

图 3-5  电机控制器结构

1—高压线束接口；2—驱动电机三相线束接口；
3—低压信号接口；4—低压充电（DC/DC）
接口；5—冷却管口

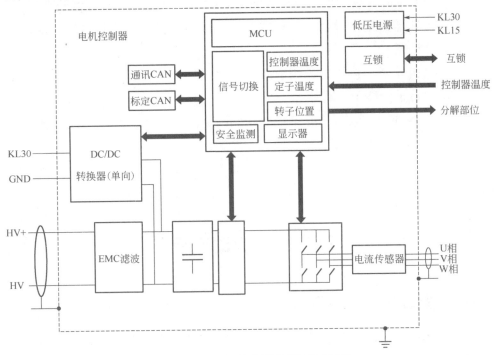

图 3-6  电机控制器结构原理示意图

### 2. 转矩控制模式

电机控制系统控制电机轴向四象限的转矩。由于没有转矩传感器，转矩指令（由整车控制器发送）被转换成为电流指令，并进行闭环控制。转矩控制模式只有在获得正确的初始偏移角度时才能进行。

### 3. 静态模式

静态模式在电机控制器（PEU）处于被动状态（待机状态）或故障状态时被激活。

### 4. 主动放电模式

主动放电用于高压直流端电容的快速放电。主动放电指令来自整车控制器的指令或由电机控制器（PEU）内部故障触发。

### 5. DC/DC 直流转换

电机控制器（PEU）中的 DC/DC 转换器将高压直流端的高压转换成指定的直流低压（12V 低压系统），低压设定值来自整车控制器指令。

### 6. 系统诊断功能

当故障发生时，软件根据故障级别使 PEU 进入安全状态或限制状态。

（1）传感器诊断。包括电流传感器、电压传感器、温度传感器、位置传感器等故障诊断。

（2）电机诊断。包括电流调节故障，电机性能检查，主动短路或空转条件不满足，转子偏移角诊断等。

（3）CAN 通信诊断。包括 CAN 内存检测，总线超时，报文长度、Checksum 校验，收发计数器的诊断。

（4）硬件安全关诊断。包括相电流过流诊断，直流母线电压过压诊断，高/低压供电故障诊断，处理器监控等。

# 第三节　驱动电机

## 一、驱动电机功能任务

电动机旋转磁场和定子线圈共同作用产生扭矩。与传统汽油机不同，电动机没有怠速。即使车辆由静止到起步的临界状态，电机也可产生最大驱动扭矩，可保证提供给车辆较好的加速度。

## 二、驱动电机结构

　　驱动电机具有效率高、体积小、重量轻及可靠性高等优点（图3-7），是动力系统的重要执行机构，是电能与机械能转化的部件，且自身的运行状态等信息可以被采集到驱动电机控制器。依靠内置传感器来提供电机的工作信息，这些传感器包括旋转变压器和温度传感器。

　　旋转变压器用来检测电机转子位置，控制器解码后可以获知电机转速。温度传感器用来检测电机的绕组温度，控制器可以保护电机避免过热。

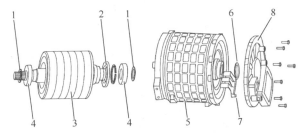

图3-7　驱动电机零部件

1—轴用弹性挡圈；2—旋变转子；3—转子总成；4—深沟球轴承；
5—定子壳体总成；6—波形弹簧；7—圆柱销；8—后端盖总成

## 三、驱动电机基本工作原理

　　驱动电机基本工作原理示意图见图3-8。当三相交流电被接入到定子线圈中，即产生了旋转的磁场，这个旋转的磁场牵引转子内部的永磁体，产生和旋转磁场同步的旋转扭矩。

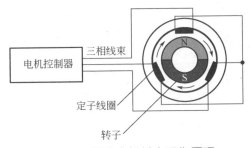

图3-8　驱动电机基本工作原理

　　使用旋转变压器检测转子的位置，电流传感器检测线圈的电流，从而控制驱动电机的扭矩输出。

　　旋变信号的作用是反应驱动电机转子当前的旋转相位，电机控制器再通过旋变信号计算当前的驱动电机转速。如帝豪 EV 旋转变压器采用磁阻式旋转变压器，结构如图 3-9 所示，旋变转子与驱动电机转子同轴连接，随电机转轴旋转。旋变定子内侧有感应线圈，安装在驱动电机定子上。驱动电机旋转时，带动旋变转子旋转。旋变器与电机控制器中间通过 6 根低压线束连接，2 根是从电机控制器激励信号，另外 4 根分别是旋变器输出的正弦信号和余弦信号。6 根线当中任何一根线路出现故障都会导致驱动电机无法正常工作。

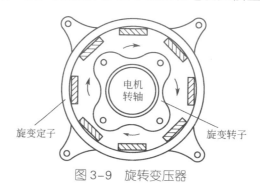

图 3-9　旋转变压器

# 第四节　电机控制系统维修

## 一、电机控制系统维修说明

### 1. 电机控制模块端子

 **维修提示**

　　熟悉系统功能和操作内容以后再开始系统诊断，这样在出现故障时有助于确定正确的故障诊断步骤，更重要的是这样还有助于确定驾驶员描述的状况是否属于正常操作。

　　电机控制系统检查诊断和维修中，我们要对电机控制模块线束连接器端子熟知，图 3-10 为帝豪 EV 电子控制器的线束连接器，线束连接器各端子说明见表 3-1。

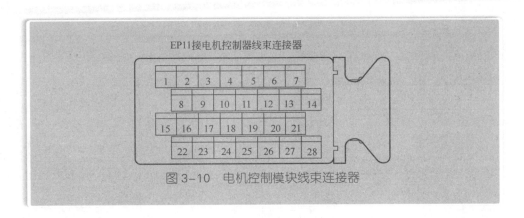

EP11接电机控制器线束连接器

图 3-10 电机控制模块线束连接器

表 3-1 电子控制模块线束连接器端子

| 端子号 | 端子定义 | 线径（mm）颜色 | 端子状态 |
| --- | --- | --- | --- |
| 1 | 高压互锁输入 | 0.5Br | E-S-PLTIN |
| 2 | — | — | — |
| 3 | — | — | — |
| 4 | 高压互锁输出 | 0.5W | E-S-PLOUT |
| 5 | 温度传感器输入 | 0.5Br/W | E-A-EMTI |
| 6 | 温度传感器接地 | 0.5R | M-A-EMTO |
| 7 | 温度传感器输入 | 0.5L/R | E-A-EMTO |
| 8 | — | — | — |
| 9 | — | — | — |
| 10 | 屏蔽线接地 | 0.5B | M-SCHIRM-VOGT |
| 11 | 接地 | 0.5B | — |
| 12 | — | — | — |
| 13 | 温度传感器接地 | 0.5W/G | E-A-EMTI |
| 14 | 唤醒输入 | 0.5L/W | E-S-唤醒 |
| 15 | resovler+EXC | 0.5 G | |
| 16 | resovler+COSLO | 0.5 P | |
| 17 | resovler+SINLO | 0.5 W | |
| 18 | — | — | — |
| 19 | — | | |

| 端子号 | 端子定义 | 线径（mm）颜色 | 端子状态 |
|---|---|---|---|
| 20 | CAN-H | L/R | 总线 |
| 21 | CAN-L | 0.5Gr/O | 总线 |
| 22 | resovler-EXC | 0.5O | A-F-LG-ERR-NEG |
| 23 | resovler+COSHI | 0.5L | E-F-LG-COSHI |
| 24 | resovler+SINHI | 0.5Y | E-F-LG-SINHI |
| 25 | KL15 | 0.5R/B | E-S-KL15 |
| 26 | KL30 | 0.5R/Y | U-UKL30 |
| 27 | 调试 CAN-H | 0.5P/W | 总线 |
| 28 | 调试 CAN-L | 0.5B/W | 总线 |

## 2. 电机控制系统故障说明（表 3-2）

表 3-2 电机控制系统故障说明

| 故障代码 | 故障描述 | 排除方法 |
|---|---|---|
| P1C0300 | drive 模式下 DFW 时钟检测 | |
| P060600 | CPLD 时钟检测 | |
| P06B013 | IGBT 驱动芯片电源故障 | |
| P1C0619 | IGBT 上桥臂短路故障 | |
| P0C0100 | 硬件过流故障 | |
| P1C0819 | IGBT 下桥臂短路故障 | |
| P0C7900 | 母线电压硬件过压 | 更换 PEU 硬件 |
| P1C1500 | Inverter 内部 5V 过压 | |
| P060400 | 检测 CAN Ram 读写是否正常 | |
| P1C0100 | 正常输出时 70k DFW 时钟检测 | |
| P1C0200 | 紧急输出 25k DFW 时钟检测 | |
| P0A1B01 | CY320 与主控芯片的 SPI 通讯不正常故障 | |
| U007388 | hybrid CAN 发生 BusOff 故障 | |

续表

| 故障代码 | 故障描述 | 排除方法 |
|---|---|---|
| U007387 | hybrid CAN 发生 Timeout 故障 | |
| P064300 | VDD30 电压过压故障 | |
| P064200 | VDD30 电压欠压故障 | |
| P065300 | VDD5G1 电压过压故障 | |
| P065200 | VDD5G1 电压欠压故障 | |
| P0A1B47 | 看门狗故障 | |
| P140000 | 被动放电超时故障 | |
| P1C0001 | 主动短路不合理故障 | |
| P150500 | 检测 IGBT 开路是否成功 | |
| P0C5300 | sine/cosine 输入信号消波故障 | |
| P0C511C | sine/cosine 输入信号超过电压阀值 | |
| P0C5200 | sine/cosine 输入信号低于电压阀值 | |
| P0A4429 | 跟踪误差超过阀值 | |
| P170900 | 输入转速信号超过芯片最大跟踪速率 | |
| P0C7917 | 母线电压最大值大于阀值 | 更换 PEU 硬件 |
| P130000 | 看门狗反馈的错误计算器的合理性检测 | |
| P130200 | 扭矩监控模块的输入部分检查、扭矩计算检查、第一层和第二层扭矩合理性检查、扭矩比较、关断路径等 | |
| P130700 | 监控层两条独立计算扭矩的路径的计算结果比较 | |
| P0A9000 | 电流控制不合理故障 | |
| P0BE500 | U 相电流幅值不合理故障 | |
| P0BE800 | U 相电流过大故障 | |
| P0BE700 | U 相电流过小故障 | |
| P180000 | U 相电流中心线偏移量不合理故障 | |
| P0BFD00 | 三相电流之和不合理故障 | |
| P0BE900 | V 相电流幅值不合理故障 | |
| P0BEC00 | V 相电流过大故障 | |
| P0BEB00 | V 相电流过小故障 | |
| P180100 | V 相电流中心线偏移量不合理故障 | |

续表

| 故障代码 | 故障描述 | 排除方法 |
|---|---|---|
| P0BED00 | W 相电流幅值不合理故障 | |
| P0BF000 | W 相电流过大故障 | |
| P0BEF00 | W 相电流过小故障 | |
| P180200 | W 相电流中心线偏移量不合理故障 | |
| P0C4E99 | 初始位置标定处于加速阶段，加速至阀值频率的时间超过时间阀值 | |
| P170000 | 初始位置标定处于 Fw 阶段，标定停留时间超过时间阀值 | |
| P040100 | CAN 所接收的目标工作状态超过定义范围 | |
| P062F42 | 检测 EEPRom 的擦除操作是否可以正确完成 | |
| P062F43 | EEPRom 读取不成功故障 | |
| P062F45 | EEPRom 写入不成功故障 | |
| U120000 | ID 1B6 接收超时 | |
| U120100 | ID 1B6 长度错误 | |
| U120200 | ID 1B6 校验和错误 | |
| U120300 | ID 1B6 循环计数错误 | 更换 PEU 硬件 |
| P150700 | 电机超速故障 | |
| P056200 | 蓄电池电压欠压故障 | |
| P1C1400 | 蓄电池电压不合理故障 | |
| U120400 | ID 1CA 接收超时 | |
| U120500 | ID 1CA 长度错误 | |
| U120600 | ID 1CA 校验和错误 | |
| U120700 | ID 1CA 循环计数错误 | |
| U120800 | ID 364 接收超时 | |
| U120900 | ID 364 长度错误 | |
| U120A00 | ID 364 校验和错误 | |
| U120B00 | ID 364 循环计数错误 | |
| P170100 | offset 角不合理故障 | |
| P170200 | offset 角状态无效故障 | |
| P0A9300 | 冷却水过温故障 | |

| 故障代码 | 故障描述 | 排除方法 |
|---|---|---|
| P0AEF00 | U 相 IGBT 温度值大于阀值 | |
| P0AF000 | U 相 IGBT 温度值小于阀值 | |
| P0AED00 | U 相 IGBT 温度值与 V 和 W 相之差大于阀值 | |
| P0AF400 | V 相 IGBT 温度值大于阀值 | |
| P0AF500 | V 相 IGBT 温度值小于阀值 | |
| P0AF200 | V 相 IGBT 温度值与 V 和 W 相之差大于阀值 | |
| P0BD300 | W 相 IGBT 温度值大于阀值 | |
| P0BD400 | W 相 IGBT 温度值小于阀值 | |
| P0BD100 | W 相 IGBT 温度值与 V 和 W 相之差大于阀值 | |
| P190000 | IGBT 过温故障 | |
| P0A2C00 | 定子温度最大值超过阀值 | |
| P0A2D00 | 定子温度最小值小于阀值 | |
| P0A2B00 | 定子温度过温故障 | |
| P0A2B01 | 定子温度不合理故障 | 更换 PEU 硬件 |
| P1C0513 | DFW 时钟不合理故障 | |
| P0A8E00 | 12V 电压传感器值大于设定值 | |
| P0A8D00 | 12V 电压传感器值小于设定值 | |
| P056300 | 蓄电池电压过压故障 | |
| P0C7600 | 主动放电超时 | |
| U110000 | ID 230 BMS_General 帧超过一段时间 | |
| U110100 | ID 230 BMS_General DLC 长度错误 | |
| U110200 | ID 230 BMS_General 校验和错误 | |
| U110300 | ID 230 BMS_General 循环计数错误 | |
| U110400 | ID 2A6 帧接收超过一段时间 | |
| U110500 | ID 2A6 长度错误 | |
| P069900 | VDD5_Z 电压过压故障 | |
| P069800 | VDD5_Z 电压欠压故障 | |

续表

| 故障代码 | 故障描述 | 排除方法 |
|---|---|---|
| P110300 | Buck 模式下输入输出电流的合理性检查 | |
| P110500 | 低压输出电流初始值零值确认 | |
| P110A00 | 低压端过流检测 | |
| P111300 | DCDC 未知故障 | |
| P111600 | 高压输入端电流 AD 值范围检测（小于阀值） | |
| P111C00 | 严重故障确认故障次数超限 | |
| P112D00 | 模式转换超时 | |
| U100D00 | DCDC 模式接收 ElmarCAN 信号超时 | |
| P110600 | 低压输出电流 AD 值范围检测（大于阀值） | |
| P110700 | 低压输出电流 AD 值范围检测（小于阀值） | |
| P111400 | 高压端电流传感器零漂故障 | |
| P111500 | 高压输入端电流 AD 值范围检测（大于阀值） | |
| P111A00 | DCDC peak 硬件过流 | |
| P111E00 | B+/B- 连接检查 | 更换 PEU 硬件 |
| P111F00 | 非能量传递状态输入输出电流超限故障 | |
| P112B00 | DBC 过温检测 | |
| P113000 | PCB 温度检测 AD 值范围检测（大于阀值） | |
| P113100 | PCB 温度检测 AD 值范围检测（小于阀值） | |
| P113400 | PCB 过温检测 | |
| P113500 | 输出电压控制检查 | |
| P113600 | 低压端输出与蓄电池连接断开故障 | |
| P113700 | 输出电压检测 AD 值范围检测（大于阀值） | |
| P113800 | 输出电压检测 AD 值范围检测（小于阀值） | |
| P113B00 | 低压网络电压过压 | |
| P113D00 | 输出电压超调检测 | |
| P113F00 | 低压网络电压欠压 | |
| P114D00 | 高压端过压检测 | |

续表

| 故障代码 | 故障描述 | 排除方法 |
|---|---|---|
| P115000 | 高压端欠压检测 | |
| P115200 | 驱动板供电欠压故障 | |
| U130000 | ID 2A8 接收超时 | |
| U130100 | ID 2A8 长度错误 | |
| U130200 | ID 2A8 校验和错误 | |
| U130300 | ID 2A8 循环计数错误 | |
| P150100 | 转子角无效时，检测转子转速是否在规定范围内 | |
| P1C1600 | PEU 计数校验错误 | |
| P06A500 | 内部电压 VDD5G3 过高 | |
| P06A400 | 内部电压 VDD5G3 过低 | |
| P1C0F00 | PEU 硬件故障 | |
| P170C00 | Resolver 状态错误 | |
| P130100 | 监控电机转子角度 | 更换 PEU 硬件 |
| P130300 | 监控电机转速 | |
| P130400 | 监控相电流 | |
| P130500 | 监控电机控制模式 | |
| P130600 | 监控 CAN 收到消息出错 | |
| P130800 | 监控层转矩是否合理 | |
| P130900 | 监控层转矩是否在限制范围 | |
| P130A00 | 监控 damping 转矩是否合理 | |
| P111900 | 高压端过流故障 | |
| P113C00 | 输出电压硬件过压 | |
| U100100 | DDC100 接收超时 | |
| U100500 | DDC10 接收超时 | |
| U100700 | DDC11 接收超时 | |

续表

| 故障代码 | 故障描述 | 排除方法 |
|---|---|---|
| U100900 | DDC12 接收超时 | |
| U100B00 | DDCInfo 接收超时 | |
| P130B00 | 监控直流母线电压 | |
| P130C00 | Resolver 初始化错误 | |
| U110600 | ID 2A6 校验和错误 | |
| U110700 | ID 2A6 循环计数错误 | |
| P171000 | 角度跳变故障 | |
| P171100 | 信号失配错误 | |
| P171200 | 配置错误 | 更换 PEU 硬件 |
| P171300 | 奇偶校检错误 | |
| P171400 | 锁相错误 | |
| P170C00 | 传感器所测频率与计算频率之差绝对值大于阀值 | |
| P1B0000 | 内部电源 1 过压 | |
| P1B0100 | 内部电源 1 欠压 | |
| P1B0200 | 内部电源 3 过压 | |
| P1B0300 | 内部电源 3 欠压 | |

## 二、电机控制器低压供电故障

### 1. 电机控制器低压供电回路故障码说明（表 3-3）

表 3-3  故障码说明

| 故障码 | 说明 |
|---|---|
| P056300 | 蓄电池电压过压故障 |
| P056200 | 蓄电池电压欠压故障 |
| P113600 | 低压端输出与蓄电池连接断开故障 |

## 2．电机控制器低压供电回路关联电路图（图 3-11）

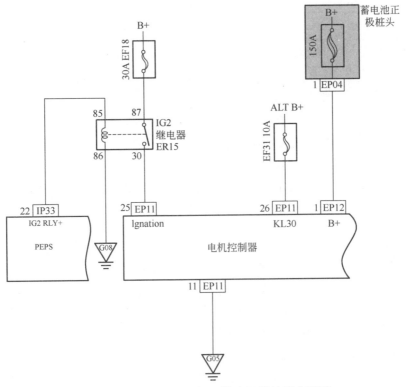

图 3-11　电机控制器低压供电回路关联电路图

## 3．检查和诊断

维修提示

在执行本诊断步骤之前，观察故障诊断仪的数据列表，分析各项数据的准确性，这样有助于快速排除故障。

第一步 1

检查蓄电池电压。

① 操作启动开关使电源模式至 OFF 状态。

② 用万用表测量蓄电池电压。标准电压为 11 ～ 14V。

③ 确认测量值是否符合标准：如果测量值不符合标准值，请更换蓄电池或为蓄电池充电；如果测量值符合标准值，请执行下一步。

### 第二步 2

检查电机控制器熔丝 EF18、EF31 和蓄电池正极柱头熔丝是否熔断。

① 操作启动开关使电源模式至 OFF 状态。

② 拔下熔丝 EF31 检查熔丝是否熔断。熔丝额定容量为 10A。

③ 拔下熔丝 EF18 检查熔丝是否熔断。熔丝额定容量为 30A。

④ 拔下蓄电池正极柱头熔丝检查熔丝是否熔断（熔丝额定容量为 150A）：如果熔丝已经熔断，请检修熔丝线路，更换额定容量熔丝；如果熔丝没有熔断，请执行下一步。

### 第三步 3

检查电机控制器电源电压。

① 操作启动开关使电源模式至 OFF 状态。

② 断开电机控制器线束连接器 EP11。

③ 操作启动开关使电源模式至 ON 状态。

④ 用万用表测量电机控制器线束连接器 EP11 端子 25 和车身接地之间的电压值。标准电压为 11 ～ 14V。

⑤ 用万用表测量电机控制器线束连接器 EP11 端子 26 和车身接地之间的电压值。标准电压为 11 ～ 14V。

⑥ 确认测量值是否符合标准：如果测量值符合标准值，请修理或更换线束；如果测量值不符合标准值，请执行下一步。

### 第四步 4

检查电机控制器接地电阻。

 维修图解

① 操作启动开关使电源模式至 OFF 状态。

② 断开电机控制器线束连接器 EP11。

③ 用万用表测量电机控制器线束连接器 EP11 端子 11（图 3-12）和车身接地之间的电阻。标准电阻小于 1Ω。

④ 确认测量值是否符合标准：如果测量值符合标准值，请修理或更换线束；如果测量值不符合标准值，请执行下一步。

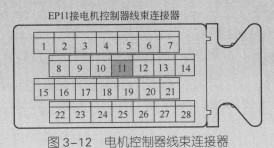

图 3-12　电机控制器线束连接器

**第五步 5**

检查检测 DC/DC 与蓄电池之间的线路。

 **维修图解**

① 操作启动开关使电源模式至 OFF 状态。

② 断开蓄电池负极电缆。

③ 断开电机控制器线束连接器 EP12。

④ 断开蓄电池正极电缆。

⑤ 用万用表测量电机控制器线束连接器 EP12 端子 1（图 3-13）和蓄电池正极电缆之间的电阻。标准电阻小于 1Ω。

⑥ 确认测量值是否符合标准：如果测量值符合标准值，请修理或更换线束；如果测量值不符合标准值，请执行下一步。

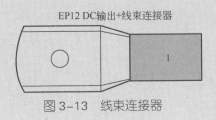

图 3-13　线束连接器

## 第六步 6

更换电机控制器。

① 操作启动开关使电源模式至 OFF 状态。

② 断开蓄电池负极电缆。

③ 拆卸维修开关。

④ 更换电机控制器。

⑤ 确认故障排除。

## 第七步 7

诊断结束。

## 三、电机控制器高压供电故障

### 1. 电机控制器高压供电回路故障码说明（表 3-4）

表 3-4　电机控制器高压供电回路故障代码

| 故障码 | 说明 |
| --- | --- |
| P114D00 | 高压端过压检测 |

### 2. 检查和诊断步骤

## 第一步 1

通过数据流读出数值。

通过对比 BMS 上报的母线电压与电机控制器上报的母线电压，判断两者的电压相差是否过大。如果两者的电压相差不大，则系统正常；如果相差过大，则进行第二步。

## 第二步 2

更换 PEU，诊断结束。

## 四、电机控制器通信故障

### 1. 电机控制器通信故障码说明（表 3-5）

表 3-5　电机控制器通信故障码说明

| 故障码 | 故障码含义／说明 |
|---|---|
| U007388 | hybrid CAN 发生 BusOff 故障 |
| U007387 | hybrid CAN 发生 Timeout 故障 |
| U120000 | ID 1B6 接收超时 |
| U120100 | ID 1B6 长度错误 |
| U120200 | ID 1B6 校验和错误 |
| U120300 | ID 1B6 循环计数错误 |
| U120400 | ID 1CA 接收超时 |
| U120500 | ID 1CA 长度错误 |
| U120600 | ID 1CA 校验和错误 |
| U120700 | ID 1CA 循环计数错误 |
| U120800 | ID 364 接收超时 |
| U120900 | ID 364 长度错误 |
| U120A00 | ID 364 校验和错误 |
| U120B00 | ID 364 循环计数错误 |
| U110000 | ID 230 BMS_General 帧超过一段时间 |
| U110100 | ID 230 BMS_General DLC 长度错误 |
| U110200 | ID 230 BMS_General 校验和错误 |
| U110300 | ID 230 BMS_General 循环计数错误 |
| U110400 | ID 2A6 帧接收超过一段时间 |
| U110500 | ID 2A6 长度错误 |
| U130000 | ID 2A8 接收超时 |
| U130100 | ID 2A8 长度错误 |
| U130200 | ID 2A8 校验和错误 |
| U130300 | ID 2A8 循环计数错误 |
| U110600 | ID 2A6 校验和错误 |
| U110700 | ID 2A6 循环计数错误 |

## 2．关联电路图（图3-14）

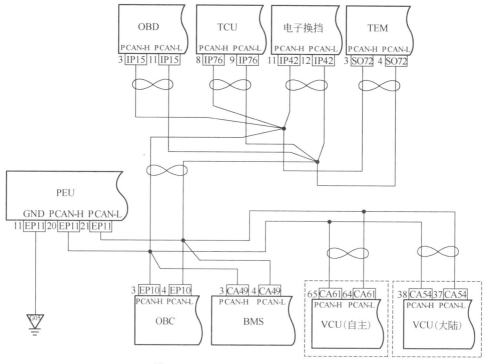

图3-14　电机控制器通信电路图

## 3．检查和诊断

**第一步 01**

使用故障诊断仪读取故障代码。

① 操作启动开关使电源模式至 ON 状态。

② 连接故障诊断仪，读取系统故障代码。

③ 确认系统是否存在其他故障代码：如果系统存在其他故障代码，则优先排除其他故障代码指示故障；如果系统不存在其他故障代码，请执行下一步。

**第二步 02**

检查电机控制器的通信屏蔽线路。

维修图解

① 操作启动开关使电源模式至 OFF 状态。

② 断开电机控制器线束连接器 EP11。

③ 用万用表测量电机控制器线束连接器 EP11（图 3-15）端子 10 与车身可靠接地之间的电阻。电阻标准值小于 1Ω。

④ 确认测量值是否符合标准：如果测量值不符合标准，请修理或更换线束；如果测量值符合标准，请执行下一步。

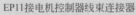

EP11接电机控制器线束连接器

图 3-15　电机控制器连接器（端子）

## 第三步 ③

检查电机控制器的通信线路。

 维修图解

① 操作启动开关使电源模式至 OFF 状态。

② 断开电机控制器线束连接器 EP11。

③ 用万用表测量电机控制器线束连接器 EP11 端子 21（图 3-16）和诊断接口 IP15 端子 11（图 3-17）之间的电阻。电阻标准值小于 1Ω。

④ 用万用表测量电机控制器线束连接器 EP11 端子 20（图 3-16）和诊断接口 IP15 端子 3（图 3-17）之间的电阻。电阻标准值小于 1Ω。

⑤ 确认测量值是否符合标准：如果测量值不符合标准，请修理或更换线束；如果测量值符合标准，请执行下一步。

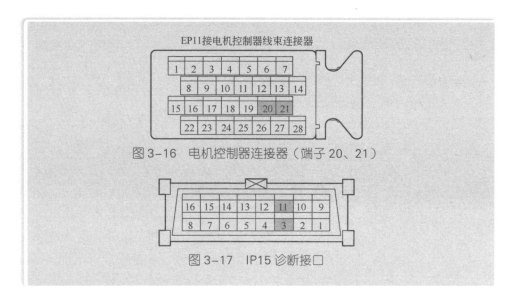

图3-16 电机控制器连接器（端子20、21）

图3-17 IP15诊断接口

**第四步 4**

进行 P-CAN 网络完整性检查。

① 操作启动开关使电源模式至 OFF 状态。

② 用万用表测量终端接口 IP15 端子 3 和端子 11 之间的电阻值。标准电阻为 55 ～ 67.5Ω。

③ 确认测量值是否符合标准：如果测量值不符合标准，则优先排除 P-CAN 网络不完整故障；如果测量值符合标准，请执行下一步。

**第五步 5**

更换电机控制器。

① 操作启动开关使电源模式至 OFF 状态。

② 断开蓄电池负极电缆。

③ 拆卸维修开关。

④ 更换电机控制器。

⑤ 确认故障排除。

**第六步 6**

诊断结束。

# 五、驱动电机旋变信号故障

## 1. 驱动电机旋变信号故障码说明（表 3-6）

表 3-6 驱动电机旋变信号故障码说明

| 故障码 | 说明 |
| --- | --- |
| P0C5300 | sine/cosine 输入信号消波故障 |
| P0C511C | sine/cosine 输入信号超过电压阀值 |
| P0C5200 | sine/cosine 输入信号低于电压阀值 |
| P0A4429 | 跟踪误差超过阀值 |
| P170900 | 输入转速信号超过芯片最大跟踪速率 |
| P150700 | 电机超速故障 |
| P171000 | 角度跳变故障 |
| P171100 | 信号失配错误 |
| P171200 | 配置错误 |
| P171300 | 奇偶校检错误 |
| P171400 | 锁相错误 |

## 2. 驱动电机旋变信号关联电路图（图 3-18）

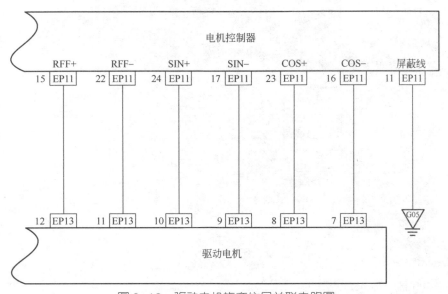

图 3-18 驱动电机旋变信号关联电路图

## 3．检查和诊断步骤

 第一步

检测电机旋变的正弦、余弦、励磁电阻值。

电机旋变的正弦、余弦、励磁电阻正常值如下。

余弦：14.5Ω±1.5Ω。

正弦：13.5Ω±1.5Ω。

励磁：9.5Ω±1.5Ω。

第二步

检测驱动电机旋变信号屏蔽线路。

维修图解

① 操作启动开关使电源模式至 OFF 状态。

② 拆卸维修开关。

③ 操作启动开关使电源模式至 ON 状态。

④ 断开电机控制器线束连接器 EP11。

⑤ 用万用表测量电机控制器线束连接器 EP11 的 10 号端子（图 3-19）与车身接地之间的电阻。标准电阻小于 1Ω。

⑥ 确认测量值是否符合标准：如果测量值不符合标准，请修理或更换线束；如果测量值符合标准，请执行下一步。

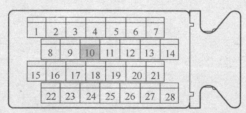

图 3-19　EP11 接电机控制器线束连接器

第三步

检测驱动电机余弦旋变信号线路。

维修图解

① 操作启动开关使电源模式至 OFF 状态。

② 拆卸维修开关。

③ 操作启动开关使电源模式至 ON 状态。

④ 断开驱动电机线束连接器 EP13（图 3-20）。

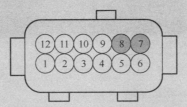

图 3-20　EP13 电机线束连接器

⑤ 断开电机控制器线束连接器 EP11（图 3-21）。

⑥ 用万用表按表 3-7 进行测量。

⑦ 确认测量值是否符合标准：如果测量值不符合标准，请修理或更换线束；如果测量值符合标准，请执行下一步。

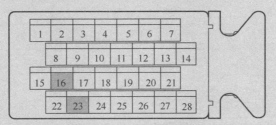

图 3-21　EP11 电机控制器连接器（端子 16、23）

表 3-7　测量值

| 测量位置 A | 测量位置 B | 测量标准值 |
|---|---|---|
| EP13-7 | EP11-16 | 标准电阻：小于 1Ω |
| EP13-8 | EP11-23 | |
| EP13-7 | EP13-8 | 标准电阻：10kΩ 或更高 |
| EP13-7 | 车身接地 | |
| EP13-8 | 车身接地 | |

续表

| 测量位置 A | 测量位置 B | 测量标准值 |
|---|---|---|
| EP13-7 | 车身接地 | 标准电压：0 |
| EP13-8 | 车身接地 | |

第四步 4

检测驱动电机正弦旋变信号线路。

① 操作启动开关使电源模式至 OFF 状态。

② 断开蓄电池负极电缆。

③ 拆卸维修开关。

④ 操作启动开关使电源模式至 ON 状态。

⑤ 断开驱动电机线束连接器 EP13。

⑥ 断开电机控制器线束连接器 EP11。

⑦ 用万用表按表 3-8 进行测量。

⑧ 确认测量值是否符合标准：如果测量值不符合标准，请修理或更换线束；如果测量值符合标准，请执行下一步。

表 3-8　测量值

| 测量位置 A | 测量位置 B | 测量标准值 |
|---|---|---|
| EP13-9 | EP11-17 | 标准电阻：小于 1Ω |
| EP13-10 | EP11-24 | |
| EP13-9 | EP13-10 | 标准电阻：10kΩ 或更高 |
| EP13-9 | 车身接地 | |
| EP13-10 | 车身接地 | |
| EP13-9 | 车身接地 | 标准电压：0 |
| EP13-10 | 车身接地 | |

第五步 5

检测驱动电机励磁旋变信号线路。

① 操作启动开关使电源模式至 OFF 状态。

② 断开蓄电池负极电缆。

③ 拆卸维修开关。

④ 操作启动开关使电源模式至 ON 状态。

⑤ 断开驱动电机线束连接器 EP13。

⑥ 断开电机控制器线束连接器 EP11。

⑦ 用万用表按表 3-9 进行测量。

⑧ 确认测量值是否符合标准：如果测量值不符合标准，请修理或更换线束；如果测量值符合标准，请执行下一步。

表 3-9 测量值

| 测量位置 A | 测量位置 B | 测量标准值 |
|---|---|---|
| EP13-11 | EP11-22 | 标准电阻：小于 1Ω |
| EP13-12 | EP11-15 | |
| EP13-11 | EP13-12 | 标准电阻：10kΩ 或更高 |
| EP13-11 | 车身接地 | |
| EP13-12 | 车身接地 | |
| EP13-11 | 车身接地 | 标准电压：0 |
| EP13-12 | 车身接地 | |

**第六步 6**

更换电机控制器。

① 操作启动开关使电源模式至 OFF 状态。

② 断开蓄电池负极电缆。

③ 拆卸维修开关。

④ 更换电机控制器。

⑤ 确认故障是否排除。

如果故障没有排除请更换驱动电机。

**第七步 7**

诊断结束。

# 六、电机温度过高故障

## 1. 故障码说明（表 3-10）

表 3-10　电机温度过高故障码说明

| 故障码 | 故障码含义／说明 |
| --- | --- |
| P0A9300 | 冷却水过温故障 |
| P0A2C00 | 定子温度最大值超过阀值 |
| P0A2D00 | 定子温度最小值小于阀值 |

## 2. 关联电路图（图 3-22）

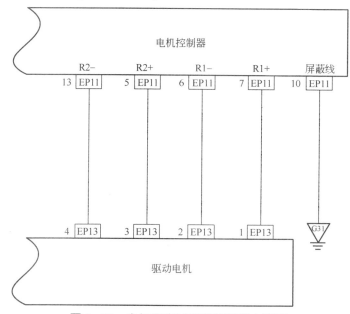

图 3-22　电机温度过高故障关联电路图

## 3. 检查和诊断

第一步 **1**

使用故障诊断仪读取故障代码。

① 操作启动开关使电源模式至 ON 状态。

② 连接故障诊断仪，读取系统故障代码。

③ 确认系统是否存在其他故障代码：如果存在系统故障码，则优先排除

其他故障代码指示故障；如果不存在系统故障码，请执行下一步。

## 第二步 ②

检查冷却液是否充足。

① 打开机舱盖。

② 检查管路无弯曲、折叠、漏水现象。

③ 确认膨胀罐中的冷却液位是否正常：如果冷却液位不正常，请添加冷却液；如果冷却液位正常，请执行下一步。

## 第三步 ③

检查冷却水泵是否正常。

① 操作启动开关使电源模式至 ON 状态。

② 确认冷却水泵是否正常工作：如果冷却水泵工作不正常，则优先排除冷却系统故障；如果冷却水泵工作正常，请执行下一步。

## 第四步 ④

检测驱动电机信号屏蔽线路。

① 操作启动开关使电源模式至 OFF 状态。

② 断开蓄电池负极电缆。

③ 拆卸维修开关。

④ 操作启动开关使电源模式至 ON 状态。

⑤ 断开电机控制器线束连接器 EP11。

⑥ 用万用表测量电机控制器线束连接器 EP11 的 10 号端子与车身接地之间的电阻。标准电阻小于 1Ω。

⑦ 确认测量值是否符合标准：如果测量值不符合标准，请修理或更换线束；如果测量值符合标准，请执行下一步。

⑧ 用万用表按表 3-11 进行测量。

表 3-11　测量值

| 测量位置 A | 测量位置 B | 测量标准值 |
|---|---|---|
| EP13-1 | EP11-7 | 标准电阻：小于 1Ω |
| EP13-2 | EP11-6 | |

续表

| 测量位置 A | 测量位置 B | 测量标准值 |
|---|---|---|
| EP13-1 | EP13-2 | 标准电阻：10kΩ 或更高 |
| EP13-1 | 车身接地 | |
| EP13-2 | 车身接地 | |
| EP13-1 | 车身接地 | 标准电压：0 |
| EP13-2 | 车身接地 | |

## 第五步 5

检查电机温度传感器 1、电机温度传感器 2 自身的阻值。

−40℃时，正常电阻阻值为 241Ω±20Ω。

20℃时，正常电阻阻值为 13.6Ω±0.8Ω。

85℃时。正常电阻阻值为 1.6Ω±0.1Ω。

阻值随温度升高而降低，随温度降低而升高。

## 第六步 6

检查电机温度传感器 1 信号线路。

① 操作启动开关使电源模式至 OFF 状态。

② 断开蓄电池负极电缆。

③ 拆卸维修开关。

④ 操作启动开关使电源模式至 ON 状态。

⑤ 断开驱动电机线束连接器 EP13。

⑥ 断开电机控制器线束连接器 EP11。

⑦ 确认测量值是否符合标准：如果测量值不符合标准，请修理或更换线束；如果测量值符合标准，请执行下一步。

## 第七步 7

检查电机温度传感器 2 信号线路。

## 维修图解

① 操作启动开关使电源模式至 OFF 状态。

② 断开蓄电池负极电缆。

③ 拆卸维修开关。

④ 操作启动开关使电源模式至 ON 状态。

⑤ 断开驱动电机线束连接器 EP13（图 3-23）。

⑥ 断开电机控制器线束连接器 EP11。

⑦ 用万用表按表 3-12 进行测量。

⑧ 确认测量值是否符合标准：如果测量值不符合标准，请修理或更换线束；如果测量值符合标准，请执行下一步。

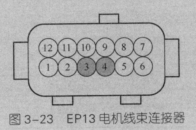

图 3-23　EP13 电机线束连接器

表 3-12　测量值

| 测量位置 A | 测量位置 B | 测量标准值 |
|---|---|---|
| EP13-3 | EP11-5 | 标准电阻：小于 1Ω |
| EP13-4 | EP11-13 | |
| EP13-3 | EP13-4 | 标准电阻：10kΩ 或更高 |
| EP13-3 | 车身接地 | |
| EP13-4 | 车身接地 | |
| EP13-3 | 车身接地 | 标准电压：0 |
| EP13-4 | 车身接地 | |

## 第八步 8

更换电机控制器。

① 操作启动开关使电源模式至 OFF 状态。

② 断开蓄电池负极电缆。

③ 拆卸维修开关。

④ 更换电机控制器。

⑤ 确认故障排除。

**第九步 09**

诊断结束。

# 七、驱动电机三相线束故障

## 1. 驱动电机三相线束故障码说明（表 3-13）

表 3-13　驱动电机三相线束故障码说明

| 故障码 | 说明 |
| --- | --- |
| P0A9000 | 电流控制不合理故障 |

## 2. 驱动电机三相线束关联电路图（图 3-24）

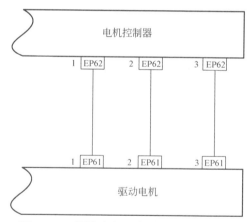

图 3-24　驱动电机三相线束关联电路图

## 3. 检查和诊断

**第一步 01**

检测驱动电机三相线束是否相互短路故障。

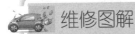

维修图解

① 操作启动开关使电源模式至 OFF 状态。

② 断开蓄电池负极电缆。

③ 拆卸维修开关。

④ 断开驱动电机三相线束连接器 EP61（图 3-25）。

⑤ 断开 PEU 三相线束连接器 EP62。

⑥ 用万用表按表 3-14 进行测量。

⑦ 确认测量值是否符合标准：如果测量值不符合标准，请修理或更换线束；如果测量值符合标准值，请执行下一步。

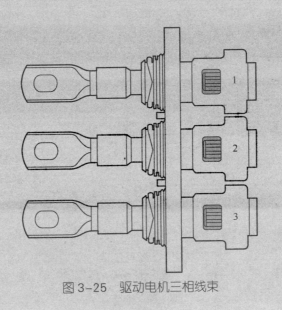

图 3-25 驱动电机三相线束

表 3-14 测量值

| 测量位置 A | 测量位置 B | 测量标准值 |
|---|---|---|
| EP61-1 | EP61-2 | 标准电阻：20kΩ 或更高 |
| EP61-1 | EP61-3 | |
| EP61-2 | EP61-3 | |

第二步 **2**

检测驱动电机三相线束断路故障。

 **维修图解**

① 操作启动开关使电源模式至 OFF 状态。

② 断开蓄电池负极电缆。

③ 拆卸维修开关。

④ 断开驱动电机三相线束连接器 EP61。

⑤ 断开 PEU 三相线束连接器 EP62（图 3-26）。

⑥ 用万用表按表 3-15 进行测量。

⑦ 确认测量值是否符合标准：如果测量值不符合标准，请修理或更换线束；如果测量值符合标准值，请执行下一步。

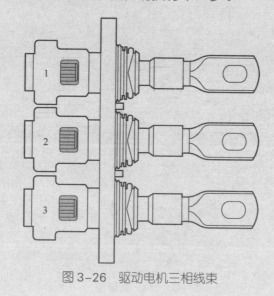

图 3-26　驱动电机三相线束

表 **3-15**　测量值

| 测量位置 A | 测量位置 B | 测量标准值 |
|:---:|:---:|:---:|
| EP61-1 | EP62-1 | 标准电阻：小于 1Ω |
| EP61-2 | EP62-2 | |

| 测量位置 A | 测量位置 B | 测量标准值 |
|---|---|---|
| EP61-3 | EP62-3 | 标准电阻：小于 1Ω |

**第三步 3**

检测驱动电机三相线对地短路故障。

① 操作启动开关使电源模式至 OFF 状态。

② 断开蓄电池负极电缆。

③ 拆卸维修开关。

④ 断开驱动电机三相线束连接器 EP61。

⑤ 断开驱动电机三相线束连接器 EP62。

⑥ 用万用表按表 3-16 进行测量。

表 3-16  测量值

| 测量位置 A | 测量位置 B | 测量标准值 |
|---|---|---|
| EP61-1 | 车身接地 | 标准电阻：20kΩ 或更高 |
| EP61-2 | 车身接地 | |
| EP61-3 | 车身接地 | |

⑦ 确认测量值是否符合标准：如果测量值不符合标准，请修理或更换线束；如果测量值符合标准，请执行下一步。

**第四步 4**

更换电机控制器。

① 操作启动开关使电源模式至 OFF 状态。

② 断开蓄电池负极电缆。

③ 拆卸维修开关。

④ 更换电机控制器。

⑤ 确认故障是否排除。

**第五步 5**

诊断结束。

## 八、电机控制器 DC/DC 故障

### 1. 电机控制器 DC/DC 故障关联电路图（图 3-27）

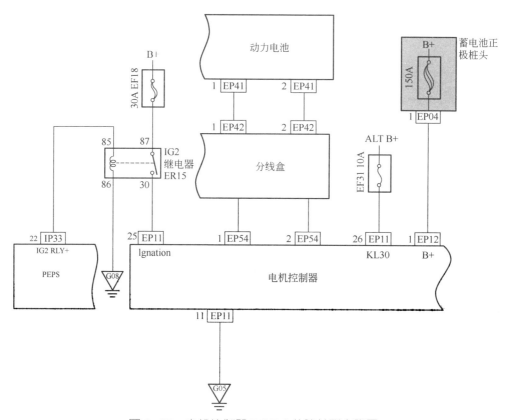

图 3-27　电机控制器 DC/DC 故障关联电路图

### 2. 检查和诊断

**第一步 ①**

检查蓄电池电压。

① 操作启动开关使电源模式至 OFF 状态。

② 用万用表测量蓄电池电压。标准电压为 11～14V。

③ 确认测量值是否符合标准：如果测量值不符合标准，请更换蓄电池或为蓄电池充电；如果测量值符合标准，请执行下一步。

**第二步 02**

检查电机控制器熔丝 EF18、EF31 和蓄电池正极柱头熔丝是否熔断。

① 操作启动开关使电源模式至 OFF 状态。

② 拔下熔丝 EF31 检查熔丝是否熔断。熔丝额定容量为 10A。

③ 拔下熔丝 EF18 检查熔丝是否熔断。熔丝额定容量为 30A。

④ 拔下蓄电池正极柱头熔丝检查熔丝是否熔断（熔丝额定容量为 150A）：如果熔丝已经熔断，请检修熔丝线路，更换额定容量熔丝；如果熔丝没有熔断，请执行下一步。

**第三步 03**

检查电机控制器低压电源电压。

 **维修图解**

① 操作启动开关使电源模式至 OFF 状态。

② 断开电机控制器线束连接器 EP11（图 3-28）。

③ 操作启动开关使电源模式至 ON 状态。

④ 用万用表测量电机控制器线束连接器 EP11 端子 25 和车身接地之间的电压值。标准电压为 11 ～ 14V。

⑤ 用万用表测量电机控制器线束连接器 EP11 端子 26 和车身接地之间的电压值。标准电压为 11 ～ 14V。

⑥ 确认测量值是否符合标准：如果测量值不符合标准，请修理或更换线束；如果测量值符合标准，请执行下一步。

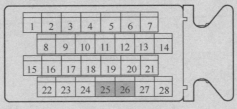

图 3-28　连接器线束

第四步 **4**

检查电机控制器接地电阻。

① 操作启动开关使电源模式至 OFF 状态。

② 断开电机控制器线束连接器 EP11。

③ 用万用表测量电机控制器线束连接器 EP11 端子 11 和车身接地之间的电阻。标准电阻小于 1Ω。

④ 确认测量值是否符合标准：如果测量值不符合标准，请修理或更换线束；如果测量值符合标准，请执行下一步。

第五步 **5**

检查分线盒线束。

**维修图解**

① 操作启动开关使电源模式至 OFF 状态。

② 断开蓄电池负极电缆。

③ 拆卸维修开关。

④ 断开电机控制器高压线束连接器 EP54（图 3-29）。

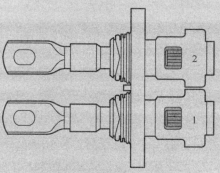

图 3-29　EP54 接 PEU 线束连接器

⑤ 断开直流母线线束连接器 EP42（分线盒侧），如图 3-30 所示。

⑥ 用万用表测量电机控制器高压线束连接器 EP54 端子 1 和直流母线线束连接器 EP42 端子 1 之间的电阻。标准电阻小于 1Ω。

⑦ 用万用表测量电机控制器高压线束连接器 EP54 端子 2 和直流母线线束连接器 EP42 端子 2 之间的电阻。标准电阻小于 1Ω。

⑧ 确认测量值是否符合标准：如果测量值符合标准，请更换分线盒总成；如果测量值不符合标准，请执行下一步。

EP42接分线盒线束连接器

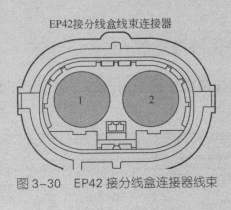

图 3-30 EP42 接分线盒连接器线束

## 第六步 6

检查检测 DC/DC 与蓄电池之间的线路。

① 操作启动开关使电源模式至 OFF 状态。

② 断开蓄电池负极电缆。

③ 断开电机控制器线束连接器 EP12。

④ 断开蓄电池正极电缆。

⑤ 用万用表测量电机控制器线束连接器 EP12 端子 1 和蓄电池正极电缆之间的电阻。标准电阻小于 1Ω。

⑥ 确认测量值是否符合标准：如果测量值不符合标准，请修理或更换线束；如果测量值符合标准，请执行下一步。

## 第七步 7

更换电机控制器。

① 操作启动开关使电源模式至 OFF 状态。

② 断开蓄电池负极电缆。

③ 拆卸维修开关。

④ 更换电机控制器。

⑤ 确认故障排除。

**第八步 8**

诊断结束。

## 九、电机转子偏移角检查

### 1. 电机转子偏移角检查故障码说明（表 3-17）

表 3-17 电机转子偏移角检查故障码说明

| 故障码 | 说明 |
| --- | --- |
| P0C4E99 | 初始位置标定处于加速阶段，加速至阀值频率的时间超过时间阀值 |
| P170000 | 初始位置标定处于 Fw 阶段，标定停留时间超过时间阀值 |
| P170100 | offset 角不合理故障 |
| P170200 | offset 角状态无效故障 |

### 2. 检查和诊断

**第一步 01**

使用诊断仪读取故障码。

① 操作启动开关使电源模式至 ON 状态。

② 连接诊断仪读取故障码。

③ 检查车辆是否有其他故障码：如果车辆有其他故障码，请根据故障代码表优先排除其他故障；如果车辆没有其他故障码，请执行下一步。

**第二步 02**

使用诊断仪读取偏移角。

① 操作启动开关使电源模式至 ON 状态。

② 连接诊断仪读取电机当前转子偏移角。标准值为 41°±2°。

③ 检查读取偏移角是否在标准范围内：如果偏移角在标准范围内，则系

统正常；如果偏移角不在标准范围内，请执行下一步。

## 第三步 3

使用诊断仪标定偏移角。

① 操作启动开关使电源模式至 ON 状态。

② 连接诊断仪，根据电机铭牌上的标准值重新标定转子偏移角。

③ 确认标定完成。

## 第四步 4

诊断结束。

## 十、电机控制器的拆卸与安装

### 1. 拆卸程序

① 打开前机舱盖。

② 断开蓄电池负极电缆。

③ 拆卸维修开关。

④ 拆卸电机控制器上盖。

**维修图解**

拆卸电机控制器上盖8个螺栓，如图3-31所示，取下机控制器上盖。

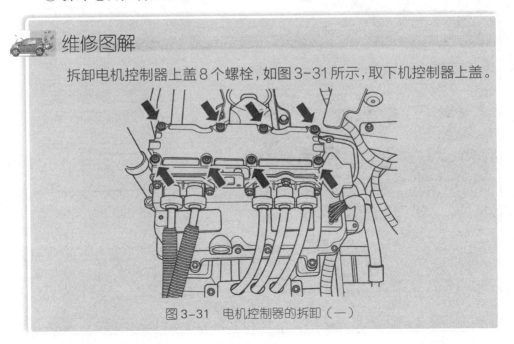

图3-31 电机控制器的拆卸（一）

⑤ 拆卸电机控制器。

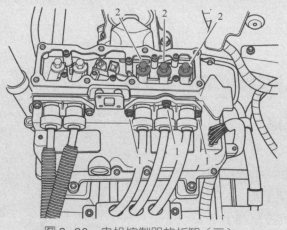

维修图解

a. 如图 3-32 所示，拆卸驱动电机三相线束连接器（电机控制器侧）3 个固定螺栓 1。

b. 拆卸驱动电机三相线束端子（电机控制器侧）3 个固定螺栓 2，脱开三相线束。

图 3-32 电机控制器的拆卸（二）

c. 如图 3-33 所示，拆卸分线盒电机控制器高压线线束连接器（电机控制器侧）2 个固定螺栓 2。

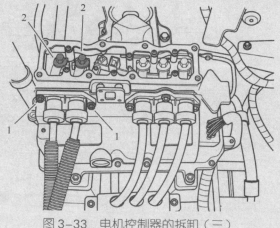

图 3-33 电机控制器的拆卸（三）

d. 拆卸分线盒电机控制器高压线线束端子（电机控制器侧）2个固定螺栓1，脱开线束。

e. 如图3-34所示，断开电机控制器线束连接器1。

f. 拆卸电机控制器4个固定螺栓2。

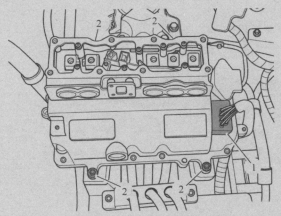

图3-34 电机控制器的拆卸（四）

g. 取下防尘盖，拆卸电机控制器两根搭铁线束固定螺母（图3-35），脱开搭铁线束。

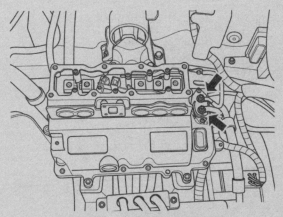

图3-35 电机控制器的拆卸（五）

h. 如图3-36所示，脱开电机控制器进水管2。

i. 脱开电机控制器出水管1，取下电机控制器总成。

注意：水管脱开前请在车辆底部放置容器，接住防冻液，以免污染地面。

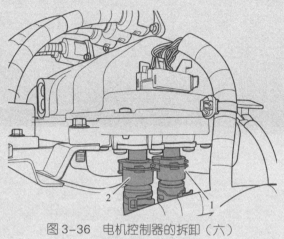

图 3-36　电机控制器的拆卸（六）

## 2．安装程序

① 安装电机控制器。

 维修图解

　　a．安装电机控制器总成。

　　b．如图 3-37 所示，连接电机控制器进水管 2。

　　c．连接电机控制器出水管 1。

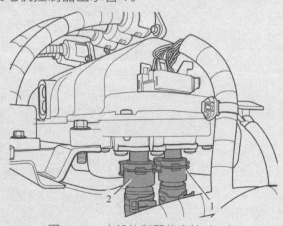

图 3-37　电机控制器的安装（一）

d. 如图 3-38 所示，连接两根搭铁线，紧固螺母，盖上防尘盖。

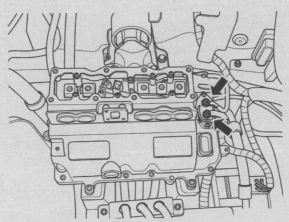

图 3-38　电机控制器的安装（二）

e. 如图 3-39 所示，连接电机控制器线束连接器 1。

f. 紧固电机控制器 4 个固定螺栓 2。

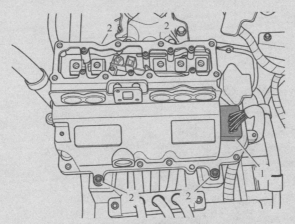

图 3-39　电机控制器的安装（三）

g. 如图 3-40 所示，连接三相线束，紧固驱动电机三相线束连接器（电机控制器侧）3 个固定螺栓 2。

h. 紧固驱动电机三相线束端子（电机控制器侧）3 个固定螺栓 1。

i. 如图 3-41 所示，连接线束，紧固分线盒电机控制器高压线线束连接器（电机控制器侧）2 个固定螺栓 2。

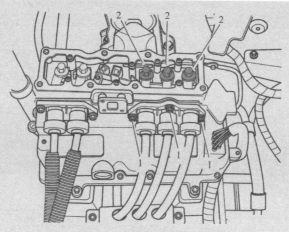

图3-40　电机控制器的安装（四）

j. 紧固分线盒电机控制器高压线端子（电机控制器侧）2个固定螺栓1。

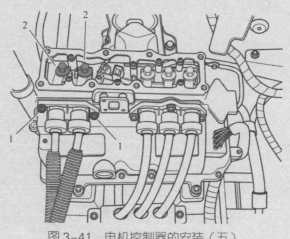

图3-41　电机控制器的安装（五）

② 安装电机控制器上盖。

 **维修图解**

放置电机控制器上盖，如图3-42所示，紧固电机控制器上盖8个螺栓。

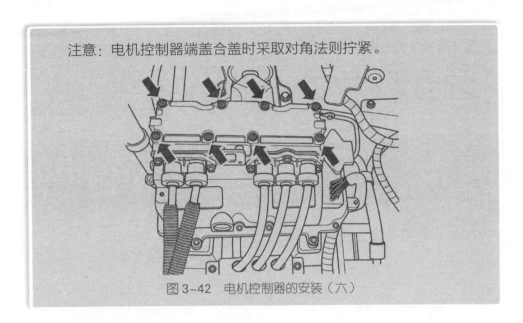

注意：电机控制器端盖合盖时采取对角法则拧紧。

图3-42 电机控制器的安装（六）

③ 安装维修开关。

④ 连接蓄电池负极电缆。

⑤ 加注冷却液。

a. 拧开膨胀罐盖，加入指定的冷却液型号。

b. 持续加注冷却液，直至膨胀罐内冷却液容量达到80%左右，且液位不再下降，膨胀罐保持开口状态。

c. 拔出电机控制器出水管，待电机控制器出水口有成股水流出，装上电机控制器出水管。

d. 除气完成，补充冷却液，恢复车辆。

⑥ 关闭前机舱盖。

## 十一、加速踏板的拆卸与安装

### 1. 拆卸程序

 维修图解

① 打开前机舱盖。

② 断开蓄电池负极电缆。

③ 拆卸加速踏板。

a. 如图 3-43 所示，向后调节驾驶员座椅，向上调节转向柱以获得最佳的操作空间。

b. 断开加速踏板总成线束连接器。

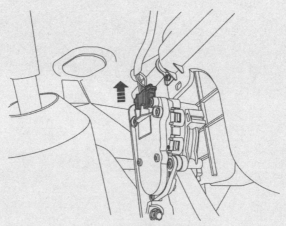

图 3-43　加速踏板的拆卸（一）

c. 如图 3-44 所示，拆卸加速踏板总成上部 2 个固定螺母以及下部 1 个固定螺母，并取出加速踏板。

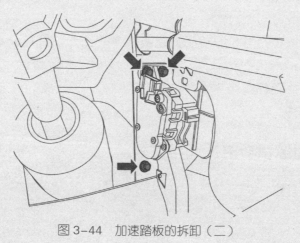

图 3-44　加速踏板的拆卸（二）

## 2. 安装程序

按照拆卸相反顺序安装加速踏板。

① 安装加速踏板。

a. 连接加速踏板总成线束连接器。

b. 安装并紧固加速踏板总成上部 2 个固定螺母以及下部 1 个固定螺母。

c. 将驾驶员座椅还原到合适的位置，将转向柱还原到合适的位置。

② 连接蓄电池负极电缆。

③ 关闭前机舱盖。

# 第五节　驱动电机的维修

## 一、驱动电机参数

电动机由外圈的定子与内圈的转子组成，是汽车的动力源之一，向外输出扭矩，驱动汽车前进后退；同时也可以作为发电机发电。驱动电机工作参数包括最大功率、额定功率、工作电压、最大转速、最大扭矩等。

## 二、驱动电机的检查和诊断

### 1. 驱动电机连接器和端子（图 3-45、表 3-18）

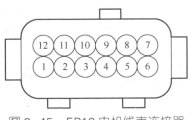

图 3-45　EP13 电机线束连接器

表 3-18　驱动电机线束连接器端子

| 端子号 | 端子定义 | 线径颜色 | 端子状态 | 规定条件（电压、电流、波形） |
|---|---|---|---|---|
| 1 | R1+ | 0.5L/R | NTC 温度传感器 1 | — |
| 2 | R1- | 0.5R | | — |
| 3 | R2+ | 0.5Br/W | NTC 温度传感器 2 | — |
| 4 | R2- | 0.5W/G | | — |

续表

| 端子号 | 端子定义 | 线径颜色 | 端子状态 | 规定条件（电压、电流、波形） |
|---|---|---|---|---|
| 5 | GND | 0.5B | 屏蔽 | 负极 |
| 6 | GND | 0.5B | | 负极 |
| 7 | COSL | 0.5P | 旋变余弦 | — |
| 8 | COS | 0.5L | | — |
| 9 | SINL | 0.5W | 旋变正弦 | — |
| 10 | SIN | 0.5Y | | — |
| 11 | REFL | 0.5O | 旋变励磁 | — |
| 12 | REF | 0.5G | | — |

## 2. 电机绝缘阻值检测

（1）关联电路图（图3-46）

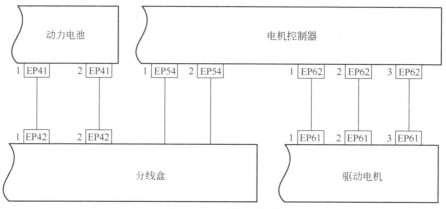

图3-46 关联电路图

（2）检查和诊断步骤

第一步 01

确认高压回路切断。

维修图解

① 操作启动开关使电源模式至 OFF 状态。

② 断开蓄电池负极电缆。

③ 拆卸维修开关。

④ 断开电机控制器高压线线束连接器 EP54，如图 3-47 所示。

⑤ 等待 5min。

⑥ 用万用表检测电机控制器正负极电压（标准电压小于或等于 5V）：如果标准电压大于 5V，则需等待电机电压下降；如果标准电压小于等于 5V，请执行下一步。

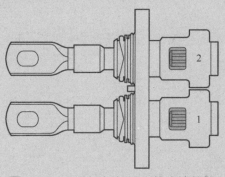

图 3-47　EP54 连接 PEU 线束连接器

**第二步 2**

检测电机绝缘阻值。

 维修图解

① 操作启动开关使电源模式至 OFF 状态。

② 断开蓄电池负极电缆。

③ 拆卸维修开关。

④ 拆卸电机三相线束线束连接器 EP62（电机控制器侧），如图 3-48 所示。

⑤ 将高压绝缘检测仪的挡位调至 1000V。

⑥ 用高压绝缘检测仪测量三相线束线束连接器 EP62 的 1 号端子与电机壳体之间的电阻。标准电阻大于或等于 20MΩ。

⑦ 用高压绝缘检测仪测量三相线束线束连接器 EP62 的 2 号端子与电机壳体之间的电阻。标准电阻大于或等于 20MΩ。

⑧ 用高压绝缘检测仪测量三相线束线束连接器 EP62 的 3 号端子与电机壳体之间的电阻。标准电阻大于或等于 20MΩ。

⑨ 确认测量值是否符合标准：如果测量值不符合标准，请修理或更换线束；如果测量值符合标准，请执行下一步。

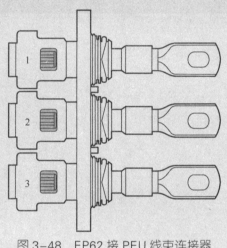

图 3-48　EP62 接 PEU 线束连接器

 第三步

绝缘阻值正常。

### 3. 电机异响、强烈振动或转速和输出功率达不到要求故障诊断

> **Tips 维修提示**
>
> 注意驱动电机的电磁噪声在极低速输出大扭矩时会变得更加明显。当遇此工况时，电机控制器就会降低 IGBT 的变换频率，这时就会出现上述状况。这并不意味着电机控制器的特性或控制存在问题。

**第一步 01**

紧固电机固定螺栓。

① 操作启动开关使电源模式至 OFF 状态。

② 检查电机后端盖与悬挂支架连接螺栓是否紧固。

③ 检查电机前端盖与减速器壳体连接螺栓是否紧固：如果不紧固，请紧固电机固定螺栓；如果已经紧固，请执行下一步。

**第二步 02**

检查电机冷却系统。

① 操作启动开关使电源模式至 ON 状态。

② 检查冷却管路无老化、变形、渗漏。

③ 确认水箱、管路无水垢、堵塞现象。

④ 确认水泵是否工作正常：如果水泵工作不正常，则优先排除冷却系统故障；如果水泵工作正常，请执行下一步。

**第三步 03**

检查电机线束连接器。

① 操作启动开关使电源模式至 OFF 状态。

② 检查电机低压线束连接器是否插接牢固、无松脱。

③ 检查电机高压线束连接器是否插接牢固、无松脱：如果不牢固，请重新固定连接器；如果牢固，请执行下一步。

**第四步 04**

检查驱动电机三相线束紧固力矩。

**维修图解**

① 操作启动开关使电源模式至 OFF 状态。

② 断开蓄电池负极电缆。

③ 拆卸维修开关。

④ 检查三相线固定螺栓的紧固力矩（电机控制器侧）是否符合标准。

⑤ 检查三相线固定螺栓的紧固力矩（电机侧）是否符合标准：如果不符合标准，请紧固电机三相线束；如果符合标准，请执行下一步。

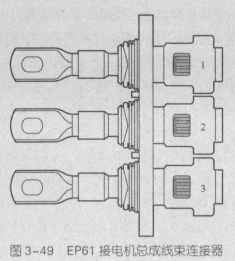

图 3-49　EP61 接电机总成线束连接器

## 第五步 5

检测驱动电机三相线束是否存在短路故障。

① 操作启动开关使电源模式至 OFF 状态。

② 断开蓄电池负极电缆。

③ 拆卸维修开关。

④ 断开驱动电机三相线束连接器 EP61（图 3-49）。

⑤ 断开驱动电机三相线束连接器 EP62。

⑥ 用万用表按表 3-19 进行测量。

表 3-19　测量值

| 测量位置 A | 测量位置 B | 测量标准值 |
|---|---|---|
| EP61-1 | EP61-2 | |
| EP61-1 | EP61-3 | 标准电阻：20kΩ 或更高 |
| EP61-2 | EP61-3 | |

⑦ 确认测量值是否符合标准：如果测量值不符合标准，请修理或更换线束；如果测量值符合标准，请执行下一步。

## 第六步 6

检测驱动电机三相线束绝缘电阻。

① 操作启动开关使电源模式至 OFF 状态。

② 拆卸维修开关。

③ 断开驱动电机三相线束连接器 EP61。

④ 断开驱动电机三相线束连接器 EP62。

⑤ 用万用表按表 3-20 进行测量。

表 3-20　测量值

| 测量位置 A | 测量位置 B | 测量标准值 |
| --- | --- | --- |
| EP61-1 | 车身接地 | |
| EP61-2 | 车身接地 | 标准电阻：20kΩ 或更高 |
| EP61-3 | 车身接地 | |

⑥ 确认测量值是否符合标准：如果测量值不符合标准，请修理或更换线束；如果测量值符合标准，请执行下一步。

## 第七步 7

进行前后端盖清理检查。

① 拆卸电机。

② 用除锈清洗剂清洗端盖，确认端盖无灰尘、无杂物，止口无破损，无碰伤。

③ 用内径千分尺测量轴承室无磨损、甩圈、轴承室尺寸合格：如果不合格，请修理或更换后端盖；如果合格，请执行下一步。

## 第八步 8

清理检查水套壳体。

① 拆卸电机。

② 用除锈清洗剂清洗，水套端面要求无灰尘、无杂物，止口无破损，无碰伤。

③ 用密封检测工装，检测壳体有无漏气现象。

④ 用水道检测工装，检测水道是否有堵塞、水道流量是否满足冷却要求。

⑤ 复测转子动平衡，超出规定数值后，需重新标定动平衡量。

⑥ 确认故障是否排除：故障排除，则诊断结束；如果工作没有排除，请执行下一步。

## 第九步 9

转子清理检查。

① 拆卸电机。

② 用电机专用拆装机拆出转子。

③ 用胶带清理转子灰尘、杂物，用除锈剂清除转子锈迹。

④ 检测转子，要求铁芯外径无鼓起、无破损、无剐蹭。

⑤ 复测转子动平衡，超出规定数值后，需重新标定动平衡量。

⑥ 确认故障是否排除：故障排除，则诊断结束；如果工作没有排除，请执行下一步。

## 第十步 10

定子检测和清理检查。

① 拆卸电机。

② 用吸尘器清理定子灰尘，用除锈剂清除定子铁芯的锈迹，要求定子表面无灰尘，定子内圆无剐蹭、无杂物，定子线包无损伤，定子绝缘漆无脆裂等。

③ 用耐压绝缘表测试耐压、绝缘。

④ 定子综合测试仪测试电性能。

⑤ 出线端子更换。

⑥ 温度传感器绝缘检测。

⑦ 重新更换三相出线和温度传感器出线的绝缘管、热缩管。

⑧ 确认故障是否排除：故障排除，则诊断结束；如果故障没有排除，请执行下一步。

## 第十一步 11

检测旋变定子。

① 拆卸电机。

② 用电阻计检测旋变定子电阻值。

③ 用耐压绝缘表测试耐压、绝缘。

④ 重新更换旋变信号线出线绝缘管、端子。

⑤ 确认故障是否排除：故障排除，则诊断结束；如果故障没有排除，请执行下一步。

## 第十二步 12

前、后轴承更换。

① 拆卸电机。

② 用拉马拆除旧轴承，用专用压装工具，压轴承内圈，更换新轴承，轴承须装配到位。

③ 轴用轴承挡圈安装到位。

④ 确认故障是否排除：故障排除，则诊断结束；如果故障没有排除，请执行下一步。

## 第十三步 13

更换驱动电机。

① 操作启动开关使电源模式至 OFF 状态。

② 断开蓄电池负极电缆。

③ 拆卸维修开关。

④ 更换驱动电机。

⑤ 确认电动座椅工作正常。

## 第十四步 14

诊断结束。

## 三、驱动电机的拆卸与安装

驱动电机在机舱中的位置见图 3-50。

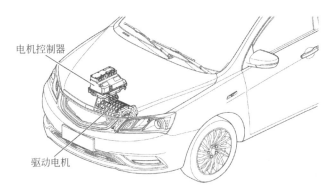

图 3-50 驱动电机位置（帝豪）

## 1. 驱动电机的拆卸程序（从机舱向上吊出）

（1）打开前机舱盖。

（2）操作空调制冷剂的回收程序。

（3）断开蓄电池负极电缆。

（4）拆卸维修开关。

（5）拆卸左、右前轮轮胎。

（6）拆卸驱动轴。

（7）拆卸分线盒。

（8）拆卸充电机。

（9）拆卸电机控制器上盖。

（10）拆卸电机控制器。

（11）拆卸三相线束。

（12）拆卸冷却液储液罐。

（13）拆卸机舱底部护板。

（14）拆卸压缩机。

（15）拆卸制冷空调管。

（16）拆卸制动真空泵。

（17）拆卸冷却水泵。

（18）固定驱动电机。使用吊装工具从上端固定驱动电机。

（19）拆卸前悬置。

（20）拆卸后悬置。

（21）拆卸左悬置。

（22）拆卸右悬置。

（23）拆卸驱动电机及减速器总成。

 维修图解

① 拆卸电机进、出水管环箍，脱开电机冷却水管，如图3-51所示。

注意：水管脱开前请在车辆底部放置容器，接住防冻液，以免污染地面。拆卸或安装水管环箍时都应使用专用的环箍钳。

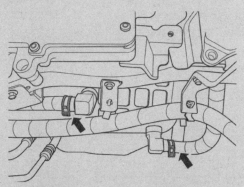

图3-51 拆卸电机进、出水管环箍

② 断开驻车电机线束连接器，脱开线束固定卡扣，如图3-52所示。

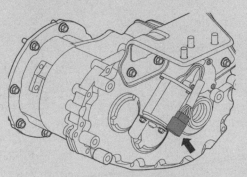

图3-52 断开线束连接器

③ 如图3-53所示，拆卸动力总成托架搭铁线束固定螺栓，脱开动力总成托架搭铁线束1。

④ 拆卸动力线束搭铁螺栓2。

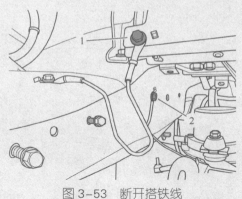

图 3-53　断开搭铁线

⑤ 如图 3-54 所示，断开驱动电机线束连接器 1。

⑥ 拆卸驱动电机搭铁线束固定螺栓 2，脱开驱动电机搭铁线束。

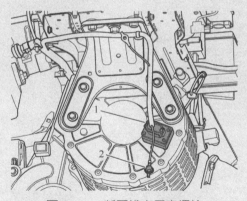

图 3-54　断开线束固定螺栓

⑦ 脱开动力总成托架上的动力线束卡扣，从动力总成托架抽出动力线束。

⑧ 举升吊装工具，移出驱动电机及减速器总成。

注意：举升过程中应缓慢向外移动，避免吊装工具与机舱盖产生干涉。

（24）拆卸减速器总成。

（25）拆卸动力总成托架。

## 2．驱动电机的安装程序

基本按照拆卸相反顺序进行安装。

（1）安装动力总成托架。

（2）安装减速器总成。

（3）安装驱动电机及减速器总成。

① 举升吊装工具，放置驱动电机及减速器总成。

② 将动力线束布置到动力总成托架上，固定动力线束卡扣。

③ 连接驱动电机线束连接器。

④ 连接驱动电机搭铁线束，紧固驱动电机搭铁线束固定螺栓。

⑤ 连接动力总成托架搭铁线束，紧固固定螺栓。

⑥ 紧固动力线束搭铁螺栓。

⑦ 连接驻车电机线束连接器，固定线束卡扣。

⑧ 连接电机冷却水管，安装水管环箍。

（4）安装前悬置。

（5）安装后悬置。

（6）安装左悬置。

（7）安装右悬置。

（8）安装压缩机。

（9）安装冷却水泵。

（10）安装制动真空泵。

（11）安装制冷空调管。

（12）安装拆卸冷却液储液罐。

（13）安装三相线束。

（14）安装电机控制器。

（15）安装电机控制器上盖。

（16）安装分线盒。

（17）安装充电机。

（18）安装驱动轴。

（19）加注减速器油。

（20）安装机舱底部护板。

（21）安装左、右前轮轮胎。

（22）安装维修开关。

（23）加注冷却液。

（24）连接蓄电池负极电缆。

（25）操作空调制冷剂的加注程序。

（26）关闭前机舱盖。

### 3. 驱动电机拆卸（从机舱底向下落）

（1）从机舱底向下落驱动电机时，按照以下操作。

维修图解

① 如图 3-55 所示，使用托顶从下方托住电机。

注意：在支撑前，托顶与电机之间放置木块，以免减速器滑动。

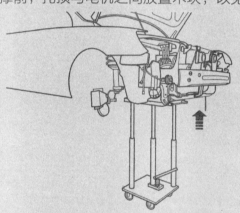

图 3-55　使用托顶从下方托住电机

② 如图 3-56 所示，拆卸前悬置支架电机侧 4 个固定螺栓。

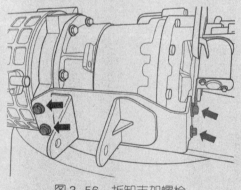

图 3-56　拆卸支架螺栓

③ 如图 3-57 所示，拆卸减速器前部 4 个固定螺栓。

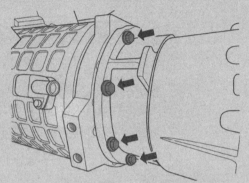

图 3-57　拆卸减速器前部螺栓

④ 如图 3-58 所示，拆卸减速器后部 3 个固定螺栓。

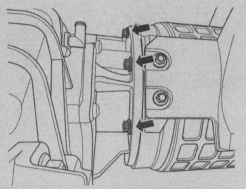

图 3-58　拆卸减速器后部螺栓

⑤ 如图 3-59 所示，拆卸电机右固定支架上部 3 个固定螺栓 1。

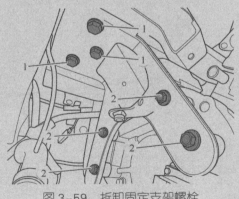

图 3-59　拆卸固定支架螺栓

⑥ 如图 3-59 所示，拆卸电机右固定支架下部 4 个固定螺栓 2，取下电机右固定支架。

⑦ 如图 3-60 所示，用合适的工具轻撬减速器与电机接合处，使其分离，抽出电机。

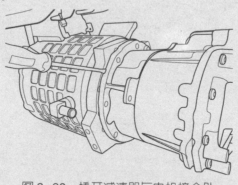

图 3-60　撬开减速器与电机接合处

（2）安装驱动电机。基本按照拆卸相反顺序进行安装。

 维修图解

① 在电机与减速器对接面涂胶密封（图 3-61）。

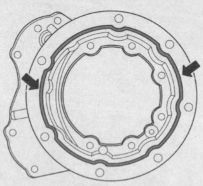

图 3-61　涂抹胶密封

② 装配电机使电机输出轴花键插入减速器输入轴（图 3-62）。

注意：减速器法兰端面的定位销应落入电机前端面的安装孔。

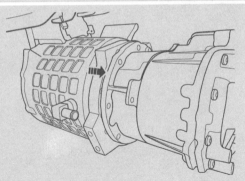

图 3-62  装配电机

③ 如图 3-63 所示，紧固减速器前部 4 个固定螺栓。

注意：连接螺栓紧固时，需采用对角法则拧紧。

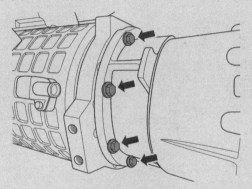

图 3-63  拧紧螺栓

④ 如图 3-64 所示，紧固减速器后部 3 个固定螺栓。

注意：连接螺栓紧固时，需采用对角法则拧紧。

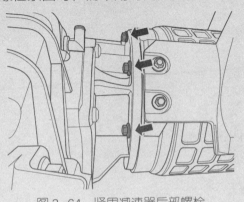

图 3-64  紧固减速器后部螺栓

⑤ 如图 3-65 所示，放置电机右固定支架，紧固电机右固定支架上部 3 个固定螺栓 1。

⑥ 如图 3-65 所示，紧固电机右固定支架下部 4 个固定螺栓 2。

注意：连接螺栓紧固时，需采用对角法则拧紧。

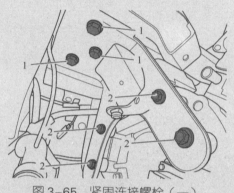

图 3-65　紧固连接螺栓（一）

⑦ 如图 3-66 所示，紧固前悬置支架电机侧 4 个固定螺栓。

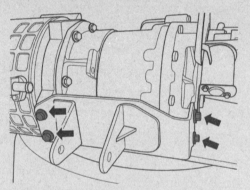

图 3-66　紧固连接螺栓（二）

⑧ 连接 2 根电机冷却水管，安装水管环箍。

注意：环箍装配位置应该与管路标示线对齐。

⑨ 连接电机线束连接器。

⑩ 连接电机搭铁线束，拆卸电机搭铁线束固定螺栓。

（3）安装制动真空泵。

（4）安装右前驱动轴。

（5）加注减速器油。

（6）安装右前轮轮胎。

（7）安装纵梁。

（8）安装压缩机。

（9）安装机舱底部护板。

（10）安装电机控制器。

（11）安装充电机。

（12）安装电机控制器上盖。

（13）安装三相线束。

（14）加装冷却液。

（15）安装维修开关。

（16）连接蓄电池负极电缆。

（17）操作空调制冷剂加注程序。

（18）关闭前机舱盖。

第四章

# 电动冷却系统

# 第一节 电动冷却系统结构原理

## 一、电动冷却系统与传统汽车的冷却系统区别

电动冷却系统与传统的冷却系统之间的结构和原理有很大差别，这就系统地导致了热源及其散热方式的不同。纯电动汽车关键零部件如电池、电机、电机控制器及充电机的效率不能达100%，在能量转化过程中产生大量的热量，这些产生的热量如果不能够及时地散发出去，将导致车辆限扭运行甚至导致零件的损坏。

## 二、电动冷却系统结构和组成

冷却系统主要由冷却水泵、膨胀罐、散热器、散热器风扇、冷却液传感器、冷却管路等组成。

### 维修图解

不同的车型有不同的电动冷却系统结构。如图4-1所示，荣威E50的电动冷却系统分为2个独立的系统，分别是PEB/驱动电机冷却系统（图4-2）和高压电池包冷却系统（ESS）（图4-3）。

PEB/电机膨胀水箱

电池冷却膨胀水箱

图4-1 2个独立的系统

冷却系统利用热传导的原理，通过冷却液在各个独立的冷却系统回路中循环，使驱动电机、PEB和高压电池包保持在最佳的工作温度。

冷却液是 50% 的水和 50% 的有机酸技术防冻液（OAT）的混合物。
冷却液要定期更换才能保持其最佳效率和耐腐蚀性。

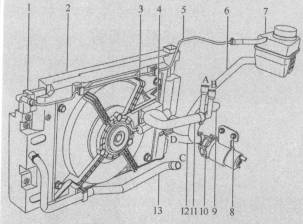

图 4-2　驱动电机冷却
　　系统零部件

A—电力电子箱（PEB）进液口；
B—电力电子箱（PEB）出液口；
C—驱动电机出液口；D—驱动
电机进液口；1—散热器；2—冷
却风扇罩；3—冷却风扇；4—冷
却风扇低速电阻；5—散热器溢
流管；6—软管 – 膨胀水箱到散
热器；7—膨胀水箱 – 驱动电机；
8—驱动电机冷却水泵安装支
架；9—软管 – 水泵到 PEB；
10—冷却水泵 – 驱动电机；11—软
管 –PEB 到驱动电机；12—软管 – 水泵到散热器；13—软管 – 驱动电机到散热器

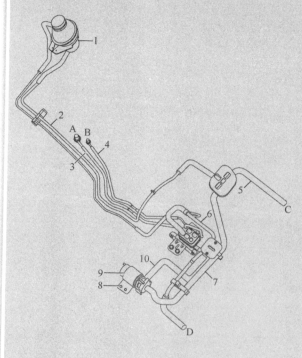

图 4-3　动力电池冷却
　　系统零部件

A—电池冷却器低压空调管接
口；B—电池冷却器高压空调管
接口；C—高压电池包冷却液出
液口；D—高压电池包冷却液进
液口；1—膨胀水箱 – 高压电池
包；2—软管 – 膨胀水箱到冷却
水管三通；3—电池冷却器低压
空调管；4—电池冷却器高压空
调管；5—软管 – 高压电池包到
冷却水管三通；6—软管 – 电池
冷却器到高压电池包；7—软管 –
冷却水管三通到水泵；8—高压
电池包冷却水泵安装支架；9—
冷却水泵 – 高压电池包；10—软
管 – 水泵到电池冷却器

### 三、冷却系统工作原理

#### 1. 冷却系统功能

电动汽车冷却系统的功用是将电机、电机控制器及充电机产生的热量及时散发出去，保证其在要求的温渡范围内稳定高效地工作。

驱动电机转子高速旋转会产生高温，热量通过机体传递，如果不加以降温，驱动电机无法正常工作，所以驱动电机机体内设置有冷却液道，通过冷却液的循环与外界进行热交换。这样能将驱动电机的工作温度保持在一定范围内，防止驱动电机过热。

车载充电机工作时将高压交流电转化成高压直流电，其转化过程中也会产生大量的热量，因此车载充电机内部也有冷却液道，通过冷却液的循环降低车载充电机的工作温度。

电机控制器不但控制驱动电机的高压三相供电，还要将动力电池的高压直流电转化成低压直流电为铅酸蓄电池充电。在此过程中也会产生热量，需要通过冷却液循环散热。

#### 2. 冷却系统工作原理

（1）电动水泵。

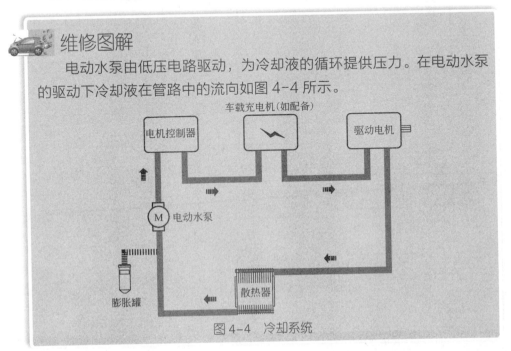

维修图解

电动水泵由低压电路驱动，为冷却液的循环提供压力。在电动水泵的驱动下冷却液在管路中的流向如图 4-4 所示。

图 4-4 冷却系统

（2）膨胀罐。膨胀罐总成是一个透明塑料罐，类似于前风窗玻璃清洗剂罐。膨胀罐总成通过水管与散热器连接。随着冷却液的温度逐渐升高并膨胀，部分冷却液因膨胀而从散热器和驱动电机中流入膨胀罐总成。散热器和液道中滞留的空气也被排入膨胀罐总成。

车辆停止后，冷却液自动冷却并收缩，先前排出的冷却液则被吸回散热器，从而使散热器中的冷却液一直保持在合适的液面，并提高冷却效率。

当冷却系统处于冷态时，冷却液面应保持在膨胀罐总成上的 L（最低）和 F（最高）标记之间。

（3）冷却风扇。冷却风扇总成安装在机舱内散热器的后部，它可增加散热器和空调冷凝器的通风量，从而有助于加快车辆低速行驶时的冷却速度。

风扇采用双风扇、高低速的控制模式，通过两个不同的电机驱动扇叶。冷却风扇由整车控制模块（VCU）利用冷却风扇低速继电器和冷却风扇高速继电器直接控制，在低速电路中，采用串联调速电阻的方式来改变风扇的转速。

电动冷却系统电气原理框图见图 4-5。

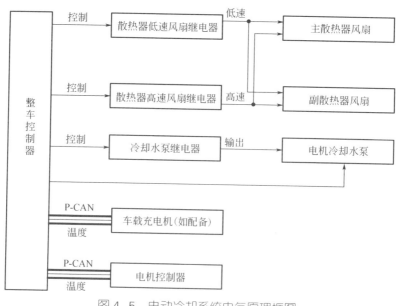

图 4-5　电动冷却系统电气原理框图

# 第二节　电动冷却系统检查和诊断

## 一、冷却风扇低速挡不运转检查和诊断

### 1. 冷却系统关联电路图（图4-6）

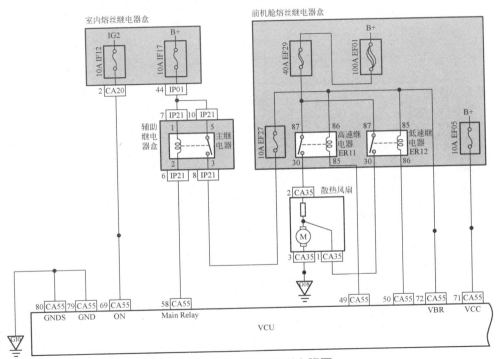

图4-6　冷却系统关联电路图

### 2. 冷却风扇低速挡不运转检查和诊断

**第一步 01**

检查整车控制器熔丝 EF01、EF29、EF27。

① 操作启动开关使电源模式至 OFF 状态。

② 拔下熔丝 EF01 检查熔丝是否熔断。熔丝额定容量为 100A。

③ 拔下熔丝 EF27 检查熔丝是否熔断。熔丝额定容量为 10A。

④ 拔下熔丝 EF29 检查熔丝是否熔断。熔丝额定容量为 40A。

如果熔丝已经熔断，请检修熔丝线路，更换额定容量熔丝；如果熔丝没有熔断，请执行下一步。

## 第二步 ②

检查冷却风扇低速继电器。

① 操作启动开关使电源模式至 OFF 状态。

② 拔下冷却风扇高速继电器，用相同型号的继电器取代冷却风扇低速继电器。

③ 确认故障是否排除：如果故障已经排除，请更换相同规格的继电器；如果故障没有排除，请执行下一步。

## 第三步 ③

检查整车控制器电源、接地之间的电压。

 维修图解

① 操作启动开关使电源模式至 OFF 状态。

② 断开整车控制器线束连接器 CA55（图 4-7）。

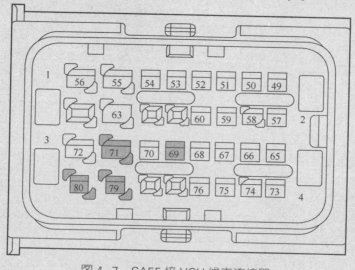

图 4-7　CA55 接 VCU 线束连接器

③ 操作启动开关使电源模式至 ON 状态。

④ 用万用表测量整车控制器线束连接器 CA55 的 69 号端子和 79 号端子之间的电压。电压标准值为 11 ～ 14V。

⑤ 用万用表测量整车控制器线束连接器 CA55 的 71 号端子和 80 号端子之间的电压。电压标准值为 11 ～ 14V。

⑥ 确认测量值是否符合标准：如果测量值不符合标准，请修理或更换线束；如果测量值符合标准，请执行下一步。

**第四步 4**

检查散热器风扇接地电路。

 维修图解

① 操作启动开关使电源模式至 OFF 状态。

② 断开主散热器风扇线束连接器 CA35（图 4-8）。

③ 用万用表测量主散热器风扇线束连接器 CA35 的 3 号端子和车身可靠接地之间的电阻。标准电阻小于 1Ω。

④ 确认测量值是否符合标准：如果测量值不符合标准，请修理或更换线束；如果测量值符合标准，请执行下一步。

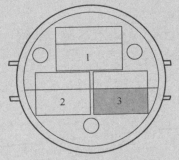

图 4-8 主散热器风扇线束连接器 CA35

**第五步 5**

检查散热器风扇电源、接地之间的电压。

① 操作启动开关使电源模式至 OFF 状态。

② 断开主散热器风扇线束连接器 CA35。

③ 操作启动开关使电源模式至 ON 状态。

④ 连接诊断仪，执行散热器风扇低速运转动作测试（或用引线将整车控制器线束连接器 CA55 的 49 号端子与车身可靠接地连接）。

⑤ 同时用万用表测量主散热器风扇线束连接器 CA35 的 1 号端子和 3 号之间的电压值。电压标准值为 11 ～ 14V。

⑥ 确认测量值是否符合标准：如果测量值符合标准，请更换散热器风扇；如果测量值不符合标准，请执行下一步。

## 第六步 6

检查散热低速继电器与散热器风扇之间的电路。

① 操作启动开关使电源模式至 OFF 状态。

② 断开主散热器风扇线束连接器 CA35。

③ 拆卸散热低速继电器 ER12。

④ 用万用表测量主散热器风扇线束连接器 CA35 的 1 号端子和散热低速继电器 ER12 的 30 号脚（线束端）之间的电阻。标准电阻小于 1Ω。

⑤ 确认测量值是否符合标准：如果测量值不符合标准，请修理或更换线束；如果测量值符合标准，请执行下一步。

## 第七步 7

检查散热低速继电器与整车控制器之间的电路。

① 操作启动开关使电源模式至 OFF 状态。

② 断开整车控制器线束连接器 CA61。

③ 拆卸散热低速继电器 ER12。

④ 用万用表测量整车控制器线束连接器 CA61 的 50 号端子和散热低速继电器 ER12 的 85 号脚（线束端）之间的电阻。标准电阻小于 1Ω。

⑤ 确认测量值是否符合标准：如果测量值不符合标准，请修理或更换线束；如果测量值符合标准，请执行下一步。

## 第八步 8

更换整车控制器。

① 操作启动开关使电源模式至 OFF 状态。

② 断开蓄电池负极电缆。

③ 更换整车控制器。

④ 确认故障排除。

**第九步 09**

诊断结束。

## 二、冷却风扇高速挡不运转故障检查和诊断

### 1. 冷却风扇高速挡关联电路图（图 4-9）

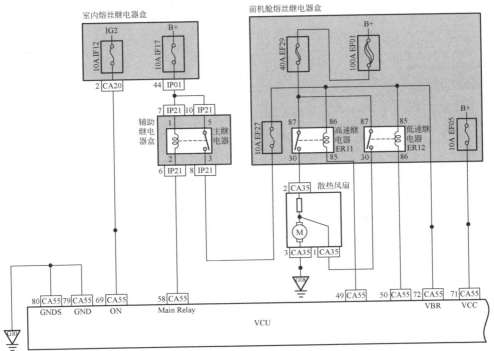

图 4-9　冷却风扇高速挡关联电路图

### 2. 冷却风扇高速挡检查和诊断

**第一步 01**

检查整车控制器熔丝 EF01、EF29、EF27。

① 操作启动开关使电源模式至 OFF 状态。

② 拔下熔丝 EF01 检查熔丝是否熔断。熔丝额定容量为 100A。

③ 拔下熔丝 EF27 检查熔丝是否熔断。熔丝额定容量为 10A。

④ 拔下熔丝 EF29 检查熔丝是否熔断。熔丝额定容量为 40A。

如果熔丝已经熔断，请检修熔丝线路，更换额定容量熔丝；如果熔丝没有熔断，请执行下一步。

**第二步 2**

检查冷却风扇高速继电器。

① 操作启动开关使电源模式至 OFF 状态。

② 拔下冷却风扇高速继电器，用相同型号的继电器取代冷却风扇高速继电器。

③ 确认故障是否排除：如果故障已经排除，请更换相同规格的继电器；如果故障没有排除，请执行下一步。

**第三步 3**

检查整车控制器电源、接地之间的电压。

**维修图解**

① 操作启动开关使电源模式至 OFF 状态。

② 断开整车控制器线束连接器 CA55（图 4-10）。

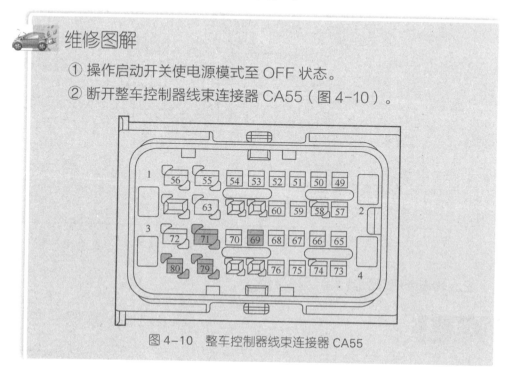

图 4-10　整车控制器线束连接器 CA55

③ 操作启动开关使电源模式至 ON 状态。

④ 用万用表测量整车控制器线束连接器 CA55 的 69 号端子和 79 号端子之间的电压。电压标准值为 11 ～ 14V。

⑤ 用万用表测量整车控制器线束连接器 CA55 的 71 号端子和 80 号端子之间的电压。电压标准值为 11 ～ 14V。

⑥ 确认测量值是否符合标准：如果测量值不符合标准，请修理或更换线束；如果测量值符合标准，请执行下一步。

## 第四步 4

检查散热器风扇接地电路。

① 操作启动开关使电源模式至 OFF 状态。

② 断开主散热器风扇线束连接器 CA35。

③ 用万用表测量主散热器风扇线束连接器 CA35 的 3 号端子和车身可靠接地之间的电阻。标准电阻小于 1Ω。

④ 确认测量值是否符合标准：如果测量值不符合标准，请修理或更换线束；如果测量值符合标准，请执行下一步。

## 第五步 5

检查散热器风扇电源、接地之间的电压。

① 操作启动开关使电源模式至 OFF 状态。

② 断开主散热器风扇线束连接器 CA35。

③ 操作启动开关使电源模式至 ON 状态。

④ 连接诊断仪，执行散热器风扇高速运转动作测试（或者用引线将整车控制器线束连接器 CA55 的 49 号端子与车身可靠接地连接）。

⑤ 同时用万用表测量主散热器风扇线束连接器 CA35 的 2 号端子和 3 号之间的电压值。电压标准值为 11 ～ 14V。

⑥ 确认测量值是否符合标准：如果测量值符合标准，更换散热器风扇；如果测量值不符合标准，请执行下一步。

## 第六步 06

检查散热高速继电器与散热器风扇之间的电路。

① 操作启动开关使电源模式至 OFF 状态。

② 断开主散热器风扇线束连接器 CA35。

③ 拆卸散热高速继电器 ER11。

④ 用万用表测量主散热器风扇线束连接器 CA35 的 2 号端子和散热高速继电器 ER11 的 30 号脚（线束端）之间的电阻。标准电阻小于 1Ω。

⑤ 确认测量值是否符合标准：如果测量值不符合标准，请修理或更换线束；如果测量值符合标准，请执行下一步。

## 第七步 07

检查散热高速继电器与整车控制器之间的电路。

① 操作启动开关使电源模式至 OFF 状态。

② 断开整车控制器线束连接器 CA61。

③ 拆卸散热高速继电器 ER11。

④ 用万用表测量整车控制器线束连接器 CA61 的 49 号端子和散热高速继电器 ER11 的 85 号脚（线束端）之间的电阻。标准电阻小于 1Ω。

⑤ 确认测量值是否符合标准：如果测量值不符合标准，请修理或更换线束；如果测量值符合标准，请执行下一步。

## 第八步 08

更换整车控制器。

① 操作启动开关使电源模式至 OFF 状态。

② 断开蓄电池负极电缆。

③ 更换整车控制器。

④ 确认故障排除。

## 第九步 09

诊断结束。

## 三、电动水泵不工作故障检查和诊断

### 1. 电动水泵关联电路图（图 4-11）

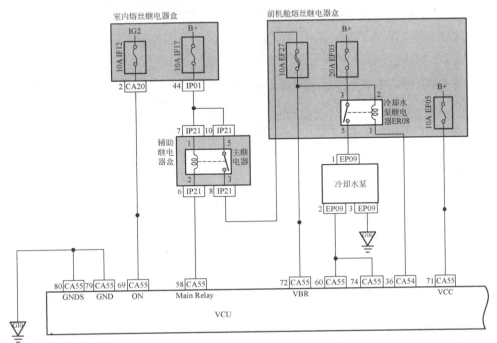

图 4-11　电动水泵关联电路图

### 2. 电动水泵不工作故障检查和诊断步骤

**第一步 ①**

使用故障诊断仪读取故障代码。

① 操作启动开关使电源模式至 ON 状态。

② 连接故障诊断仪，读取系统故障代码。

③ 确认系统是否存在故障代码。优先排除故障代码指示故障。

**第二步 ②**

检查电动水泵熔丝 EF03 是否熔断。

① 操作启动开关使电源模式至 OFF 状态。

② 拔下熔丝 EF03 检查熔丝是否熔断。熔丝额定容量为 20A。

检修熔丝线路，更换额定容量熔丝。

**第三步** ❸

检查整车控制器熔丝 EF05、IF12、EF27。

① 操作启动开关使电源模式至 OFF 状态。

② 拔下熔丝 EF05 检查熔丝是否熔断。熔丝额定容量为 10A。

③ 拔下熔丝 EF27 检查熔丝是否熔断。熔丝额定容量为 10A。

④ 拔下熔丝 EF12 检查熔丝是否熔断。熔丝额定容量为 10A。

检修熔丝线路，更换额定容量熔丝。

**第四步** ❹

检查电动水泵继电器。

① 操作启动开关使电源模式至 OFF 状态。

② 拔下电动水泵继电器，用相同型号的继电器取代电动水泵继电器。

③ 确认故障是否排除。

更换相同规格的继电器。

**第五步** ❺

检查整车控制器电源、接地之间的电压。

 **维修图解**

① 操作启动开关使电源模式至 OFF 状态。

② 断开整车控制器线束连接器 CA55（图 4-12）。

③ 操作启动开关使电源模式至 ON 状态。

④ 用万用表测量整车控制器线束连接器 CA55 的 69 号端子和 79 号端子之间的电压。电压标准值为 11～14V。

⑤ 用万用表测量整车控制器线束连接器 CA55 的 71 号端子和 80 号端子之间的电压。电压标准值为 11～14V。

⑥ 确认测量值是否符合标准：如果测量值不符合标准，请修理或更换线束；如果测量值符合标准，请执行下一步。

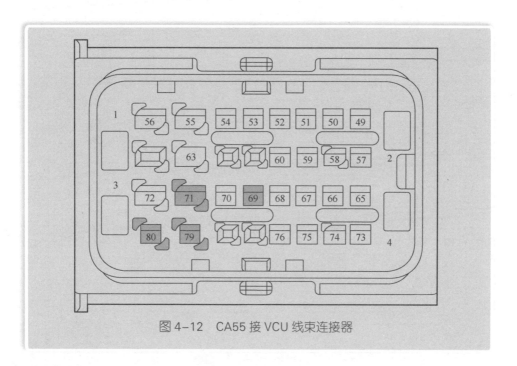

图 4-12　CA55 接 VCU 线束连接器

第六步 06

检查电动水泵电源、接地之间的电压。

 维修图解

① 操作启动开关使电源模式至 OFF 状态。

② 断开电动水泵线束连接器 EP09。

③ 操作启动开关使电源模式至 ON 状态。

④ 用引线将整车控制器线束连接器 CA54 的 36 号端子（图 4-13）与车身可靠接地连接，同时用万用表测量电动水泵线束连接器 EP09 的 1 号端子与 3 号端子之间的电压。电压标准值为 11 ～ 14V。

⑤ 确认测量值是否符合标准：如果测量值不符合标准，请修理或更换线束；如果测量值符合标准，请执行下一步。

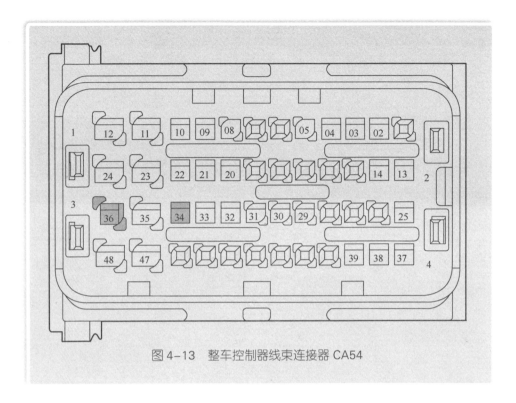

图 4-13　整车控制器线束连接器 CA54

第七步 **07**

检查整车控制器与电动水泵之间的线路。

**维修图解**

① 操作启动开关使电源模式至 OFF 状态。

② 断开电动水泵线束连接器 EP09（图 4-14）。

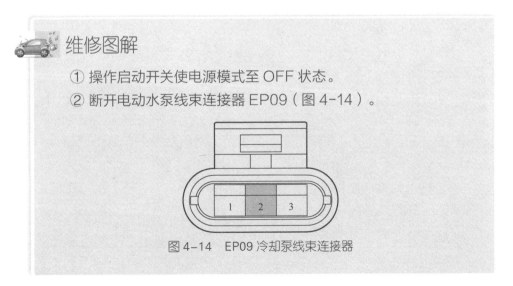

图 4-14　EP09 冷却泵线束连接器

③ 断开整车控制器线束连接器 CA55。

④ 用万用表测量整车控制器线束连接器 CA55 的 60 号端子与电动水泵线束连接器 EP09 的 2 号端子之间的电阻。标准电阻小于 1Ω。

⑤ 用万用表测量整车控制器线束连接器 CA55 的 74 号端子与电动水泵线束连接器 EP09 的 2 号端子之间的电阻。标准电阻小于 1Ω。

⑥ 确认测量值是否符合标准：如果测量值不符合标准，请修理或更换线束；如果测量值符合标准，请执行下一步。

## 第八步 8

更换电动水泵。

① 操作启动开关使电源模式至 OFF 状态。

② 断开蓄电池负极电缆。

③ 更换电动水泵。

④ 确认故障是否排除。

如果故障没有排除请更换整车控制器。

## 第九步 9

诊断结束。

# 第三节  电动冷却系统的维修

## 一、电动水泵拆卸与安装

### 1. 拆卸程序

（1）打开前机舱盖。

（2）断开蓄电池负极电缆。

（3）拆卸电动水泵。

 维修图解

① 如图 4-15 所示，断开电动水泵线束连接器 1。

② 如图 4-15 所示,拆卸电动水泵支架固定螺栓 2。

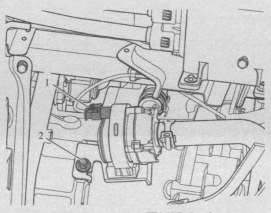

图 4-15　电动水泵拆卸(一)

③ 如图 4-16 所示,拆卸环箍,脱开散热器出水管 2(电动水泵侧)。

④ 拆卸环箍,脱开电机控制器总成进水管 1(电动水泵侧),取下电动水泵总成。

注意:水管脱开前请在车辆底部放置容器,接住防冻液,以免污染地面。

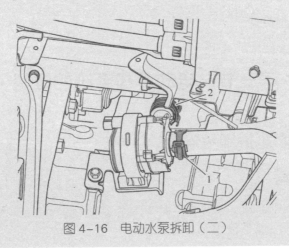

图 4-16　电动水泵拆卸(二)

## 2. 安装程序

① 放置电动水泵,连接电机控制器总成进水管 1(图 4-16),安装环箍。

②连接散热器出水管2（电动水泵侧），安装环箍。

③紧固电动水泵支架固定螺栓2（图4-15）。

④连接电动水泵线束连接器1（图4-15）。

⑤加注冷却液。

⑥连接蓄电池负极电缆。

⑦关闭前机舱盖。

## 二、冷却风扇总成拆卸与安装

### 1. 拆卸程序

（1）打开前机舱盖。

（2）断开蓄电池负极电缆。

（3）拆卸前保险杠上饰板。

（4）拆卸冷却风扇。

维修图解

①断开1个冷却风扇线束连接器（图4-17），脱开线束固定卡扣。

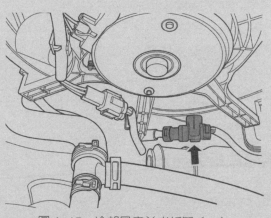

图4-17 冷却风扇总成拆卸（一）

②如图4-18所示，拆卸冷却风扇的3个固定螺钉。

③向上抽出冷却风扇下定位脚，取出冷却风扇。

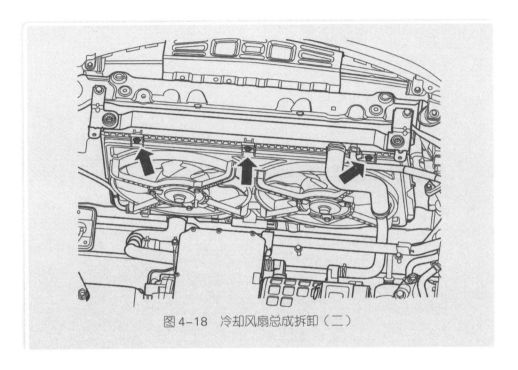

图 4-18　冷却风扇总成拆卸（二）

### 2．安装程序

（1）安装冷却风扇。

① 放置冷却风扇，向下插入冷却风扇下定位脚。

② 紧固 3 个冷却风扇固定螺钉。

③ 连接 1 个冷却风扇线束连接器，固定线束固定卡扣。

（2）安装前保险杠上饰板。

（3）连接蓄电池负极电缆。

（4）关闭前机舱盖。

## 三、散热器总成拆卸与安装

### 1．拆卸程序

（1）打开前机舱盖。

（2）断开蓄电池负极电缆。

（3）拆卸前保险杠上饰板。

（4）拆卸冷却风扇。

（5）拆卸散热器上支架。

维修图解

如图 4-19 所示，拆卸 2 个散热器上支架固定螺栓，取下散热器上支架。

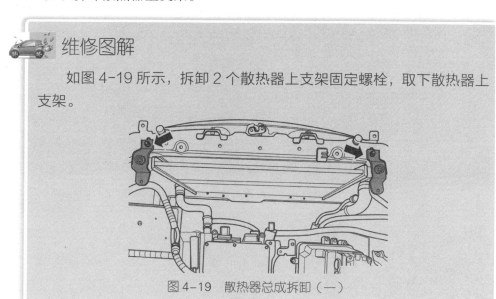

图 4-19 散热器总成拆卸（一）

（6）拆卸散热器。

维修图解

① 如图 4-20 所示，拆卸环箍，脱开散热器进水管（散热器侧）1。

② 拆卸环箍，脱开散热器通气软管（散热器侧）2。

③ 拆卸环箍，脱开散热器出水管（散热器侧）3。

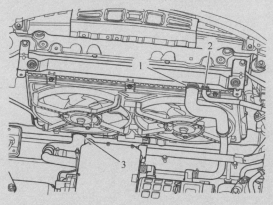

图 4-20 散热器总成拆卸（二）

④ 如图 4-21 所示，拆卸冷凝器与散热器的 2 个固定螺钉。

⑤ 脱开冷凝器与散热器向上取出散热器总成。

注意：小心移动散热器，避免与其他部件磕碰，以免损坏散热器散热片。

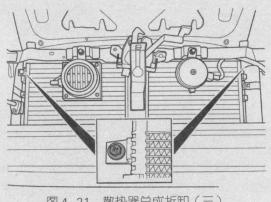

图 4-21　散热器总成拆卸（三）

## 2. 安装程序

（1）安装散热器。

① 向下放置散热器总成，连接冷凝器与散热器。

② 如图 4-19 所示，紧固冷凝器与散热器的 2 个固定螺钉。

③ 如图 4-20 所示，连接散热器进水管（散热器侧），安装环箍 1。

④ 连接散热器通气软管（散热器侧），安装环箍 2。

⑤ 连接散热器出水管（散热器侧），安装环箍 3。

（2）安装散热器上支架。放置散热器上支架，紧固 2 个散热器上支架固定螺栓，如图 4-21 所示。

（3）安装冷却风扇。

（4）加注冷却液。

（5）安装前保险杠上饰板。

（6）连接蓄电池负极电缆。

（7）关闭前机舱盖。

## 四、电机控制器总成进水管拆卸与安装

### 1. 拆卸程序

（1）打开前机舱盖。

（2）拆卸电机控制器总成进水管。

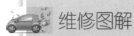 维修图解

① 如图 4-22 所示，松开卡扣，脱开电机控制器总成进水管（电机控制器侧）。

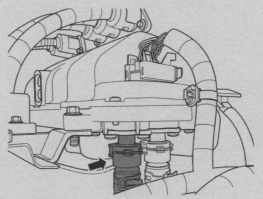

图 4-22 电机控制器总成进水管（一）

② 如图 4-23 所示，拆卸环箍，脱开电机控制器总成进水管（电动水泵侧）。

③ 脱开水管固定支架，取下电机控制器总成进水管。

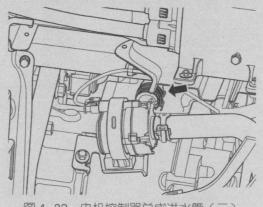

图 4-23 电机控制器总成进水管（二）

## 2．安装程序

（1）安装电机控制器总成进水管。

① 放置电机控制器总成进水管，卡入水管固定支架。

② 连接电机控制器总成进水管（电动水泵侧），安装环箍。

③ 连接电机控制器总成进水管（电机控制器侧），卡接卡扣。

（2）加注冷却液。

（3）关闭前机舱盖。

# 第五章

## 电动空调系统

## 第一节　电动空调系统结构原理

### 一、电动汽车空调与传统空调的区别

电动汽车空调制冷循环系统的组成与传统车辆类似，由空调压缩机、冷凝器、膨胀阀、蒸发器及管路组成。只是空调压缩机改为电动形式的压缩机。

电动汽车空调驱动方式与传统汽车空调不同，采用电机驱动。电动汽车一般在电动空调压缩机上集成有压缩机控制器。空调压缩机控制器将高压直流电转换成三相交流电而驱动空调压缩机。电动压缩机上布置有高压插头和低压插头，压缩机本体上有制冷剂循环的进出管路。

### 二、电动空调系统结构和布局

暖风、通风与空调系统控制车辆内部温度及空气分配。如图5-1所示，系统包含有空调滤清器、空调箱总成、分配风道及控制系统。新鲜空气从空调滤清器总成流入空调箱总成内，通过鼓风机使空气流过整个系统。根据控制面板上的设置，空气被加热或冷却并通过分配风道，提供给仪表板、车门及地板上的出风口。

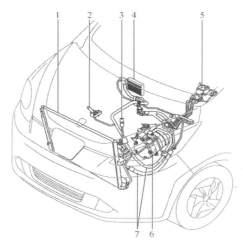

图5-1　电动空调系统结构布局和零部件

1—冷凝器；2—低压维修接头；3—高压维修接头；4—蒸发箱；
5—电池冷却器；6—电动空调压缩机；7—空调管路

维修图解

　　荣威 E50 纯电动驱动车型上安装一种电子控制空调系统，在电子控制空调系统中，进气温度、出气温度、空气分配及鼓风机速度等功能都是手动选择的。与传统车辆上配置的暖风、通风与空调系统不同的是，该纯电动驱动车辆上配置的暖风、通风与空调系统使用的是电动空调压缩机和电加热器。

### 1. 空调箱总成

　　空调箱总成按控制面板上所选择的模式控制温度并分配引导进来的新鲜空气或循环空气，安装在仪表板与前舱壁之间。空调箱总成内包括鼓风机、电加热模块、蒸发器芯体及控制风门。在空调箱总成的底部有个排水出口，用来将空调箱总成内的冷凝水排到车辆下方。在空调箱总成壳体上，安装一个新鲜循环空气风门，可以调整车内或车外空气作为循环风。

### 2. 鼓风机

　　鼓风机安装在空调箱总成内，鼓风机由控制面板上的按键控制，通过位于前舱熔丝盒内的鼓风机继电器及鼓风机调速电阻控制。鼓风机调速电阻安装在鼓风机风扇空气出风口内，以利于鼓风机调速电阻散热。

### 3. 电加热模块

　　电加热模块是高压电加热器和控制器，安装在空调箱总成内，用于向乘客舱提供暖风。

### 4. 温度和分配控制系统

　　（1）循环控制空气风门。循环控制空气风门通过打开和关闭新鲜空气进气口和循环空气进气口来控制进气源。控制面板上的循环控制空气开关控制伺服电机驱动风门。

　　（2）混合风门。混合风门调节通过暖风芯体的空气流，以控制空调箱总成中空气的温度。混合风门连接到空调箱箱体中的芯轴上。混合风门由混合风门伺服电机控制。

　　（3）空气分配风门。空气分配风门用于控制脚部位置、前风窗玻璃／前侧窗和面部出风口的空气流。这些风门控制从混合风门到出风口的流量，在操纵杆机构和控制面板上的空气分配开关之间安装有模式伺服电机。

（4）空气分配管道。仪表板上的两侧和面部出风口各有一个空气分配管道。前风窗玻璃的空气分配管道集成在仪表板中。仪表板中的通风口总成使乘员可以控制吹向面部的空气流量和方向。每个通风口总成都集成了用以调节流量和控制方向的可移动叶片。

## 三、电动空调制冷系统原理

制冷系统将车辆内部的热量传递到外部大气中，以给空调箱总成提供除湿的凉爽空气。该系统由电动空调压缩机、冷凝器、热力膨胀阀（TXV）、空调管路和蒸发器组成。系统是一个填充 R134a 制冷剂作为传热介质的封闭回路。制冷剂中添加空调润滑油，以润滑电动空调压缩机的内部组件。如图 5-2 所示。

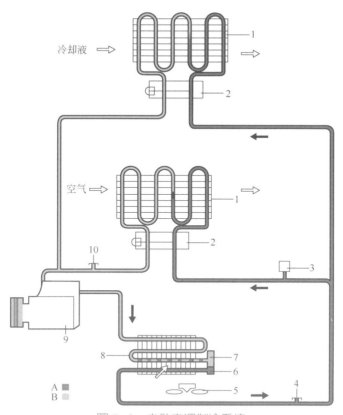

图 5-2　电动空调制冷系统

A—液态制冷剂；B—气态制冷剂；1—蒸发器；2—TXV；3—空调压力传感器；4—高压维修接头；5—冷却风扇；6—过滤器；7—干燥剂；8—冷凝器；9—电动空调压缩机；10—低压维修接头

## 维修图解

　　为完成热量的传递，制冷剂环绕系统循环，在系统内，制冷剂经历两种压力/温度模式。在每一种压力/温度模式下，制冷剂改变其状态，在改变状态的过程中，吸收与释放最大限度的热量。低压/低温模式从TXV开始，经蒸发器到电动空调压缩机，在TXV内，制冷剂降低压力及温度，然后在蒸发器内改变其状态，从中温液态到低温蒸气，以吸收经过蒸发器周围空气的热量。高压/高温模式从电动空调压缩机开始，经冷凝器到TXV，制冷剂在通过电动空调压缩机时，增加压力及温度，然后在冷凝器内释放热量到大气中，并改变其状态，从高温蒸气到中高温液态。

　　上述制冷系统也参与电池系统的冷却，用于带走电池系统工作时产生的热量，将电池系统维持在一个良好的温度环境中工作。

## 1. 电动空调压缩机

　　电动空调压缩机通过压缩来自蒸发器的低压、低温蒸气，并将其加载到冷凝器的高压、高温蒸气的方式，使制冷剂环绕系统循环。

## 维修图解

　　电动空调压缩机安装在减速器的安装支架下，通过高压电机驱动。该电动空调压缩机是一个定排量的压缩机，可以通过高压电机转速的变化向空调系统提供所需的制冷剂量。电动空调压缩机见图5-3。

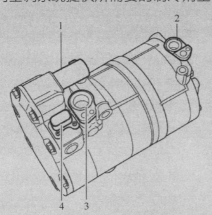

图5-3 电动空调压缩机
1—高压线束连接器；2—进气口；3—出气口；4—低压线束连接器

### 2. 冷凝器

如图 5-4 所示，冷凝器将制冷剂的热量传递到周围空气中，以使来自电动空调压缩机的制冷剂蒸气转变成液态。冷凝器同时还通过其干燥模块去除制冷剂中的湿气及固态颗粒，并作为液态制冷剂的容器，以适应蒸发器内的热负荷的变化。

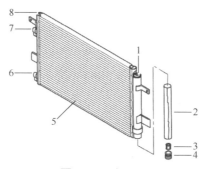

图 5-4　冷凝器

1—调节腔室；2—干燥剂；3—过滤器；4—堵塞；5—热交换器；
6—出液接口；7—进气接口；8—端部腔室

## 维修图解

　　由于冲击效应和／或冷却风扇的作用，通过流经热交换器的空气来吸收制冷剂的热量，将制冷剂由蒸气转变成液态。在制冷剂进入调节腔室前，冷凝器冷却并液化制冷剂。在调节腔室内，制冷剂内的大部分剩余气体被分离出来，制冷剂通过干燥剂及过滤器，以去除其中的湿气及颗粒物，进入次级冷却器部分。当制冷剂经过次级冷却器部分时，被进一步冷却，从而将冷凝器出口至蒸发器的制冷剂几乎100%转变为液态。

### 3. 蒸发器

蒸发器安装在暖风机总成的进气口中，用于吸收外部进气或循环进气的热量。低压低温制冷剂在蒸发器中由液体变为蒸气，在该转变状态过程中会吸收大量热量。

### 4. 膨胀阀

膨胀阀可调节制冷剂的流量，使制冷剂流量与通过蒸发器芯体的空气热负荷相匹配。热力膨胀阀安装在蒸发器的进口接口及出口接口上。该阀有一个铝制的壳体，壳体内有进口及出口通道。在进口通道内安装有计量阀，计量阀由连接在膜片上的热敏管控制。膜片顶部充有制冷剂，可感应蒸发器出口压力，而热敏管感应蒸发器出口温度。通过调整热力膨胀阀开度使得受力平衡，保证蒸发器出口的合适的过热度，达到制冷量与空气热负荷平衡。膨胀阀如图 5-5 所示。

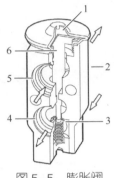

图 5-5　膨胀阀

1—膜片；2—壳体；3—计量阀；4—至蒸发器的进口通道；
5—自蒸发器的出口通道；6—热敏管

## 维修图解

荣威 E50 车上安装有两个带电磁阀的热力膨胀阀，一个安装在空调箱总成上，是一个带常闭电磁阀的膨胀阀（图 5-6）；另一个安装在电池冷却器总成上，是一个带常开电磁阀的膨胀阀（图 5-7）。带电磁阀的热力膨胀阀能根据系统的需要将热力膨胀阀接通或断开，当膨胀阀被接通时，制冷剂可以流经膨胀阀；当膨胀阀被断开时，制冷剂就不能流动。

图 5-6　安装在空调箱总成上的带常闭电磁阀的膨胀阀

图 5-7　电池冷却器总成上的带常开电磁阀的膨胀阀

液态制冷剂流经计量阀，进入蒸发器。通过计量阀的限制使制冷剂的压力及温度降低，同时将制冷剂从固体粒子流变为精细的喷雾流，以改善蒸发效果。当制冷剂通过蒸发器时，吸收流经蒸发器芯体周围空气的热量，温度的增加使制冷剂蒸发并增加制冷剂的压力。

离开蒸发器的制冷剂的温度和压力作用在膜片及热敏管上，使膜片及热敏管移动，调节计量阀开度，从而控制通过蒸发器的制冷剂的量。流经蒸发器芯体的空气越热，可用来蒸发制冷剂的热量就越大，从而允许更多的制冷剂通过计量阀。

### 5. 空调压力传感器

压力传感器作用如下。

（1）监视空调系统制冷剂压力，以调节电动空调压缩机转速。

（2）如果制冷剂压力超过指定值时，则关闭电动空调压缩机。

（3）监视空调系统制冷剂压力，以调节 PWM 冷却风扇转速。

如果空调压力超过关闭压力的阀值时，电动空调压缩机就会关闭。

由于电动空调压缩机是由制冷剂中悬浮的润滑油润滑，如果系统中的制冷剂压力最小从而使制冷剂和润滑油最少时，应防止电动空调压缩机运行。当制冷剂压力增大到需要额外的冷凝时，VCU 使冷却风扇继电器单元接地，以请求相应的冷却风扇转速。

## 第二节 电动空调压缩机的拆装

### 1. 拆卸程序

（1）回收空调系统制冷剂。

（2）断开蓄电池负极。

（3）拆下蓄电池盒支架。

（4）拆下前舱熔丝盒。

（5）断开电动空调压缩机高压线束。

（6）断开电动空调压缩机低压控制连接器。

（7）如图 5-8 所示，分别拆下将空调管路固定到电动空调压缩机上的螺栓，从电动空调压缩机上松开空调管路，并废弃掉密封圈。

（8）拆下底部导流板。

（9）如图 5-9 所示，拆下将电动空调压缩机固定到电动空调压缩机安装支架上的螺栓。

（10）在机舱内移动电动空调压缩机并拿出电动空调压缩机。

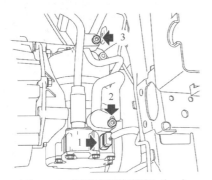

图 5-8 拆卸空调压缩机（一）

1—线束连接器；2，3—螺栓

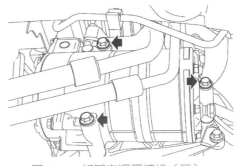

图 5-9 拆卸空调压缩机（二）

### 2. 安装程序

（1）将电动空调压缩机固定到电动空调压缩机安装支架上，装上螺栓拧紧，并检查扭矩。

（2）装上底部导流板。

（3）降低车辆。

（4）取下塞子，在2个与电动空调压缩机连接的空调管上装上新的密封圈，并涂上干净的压缩机油。

（5）将2个空调管分别安装到电动空调压缩机上，装上螺栓，拧紧并检查扭矩。

（6）连接电动空调压缩机低压控制连接器。

（7）连接电动空调压缩机高压线束。

（8）装上前舱熔丝盒。

（9）装上蓄电池盒支架。

（10）连接蓄电池负极。

（11）加注空调系统制冷剂。

# 第六章

## 充电系统

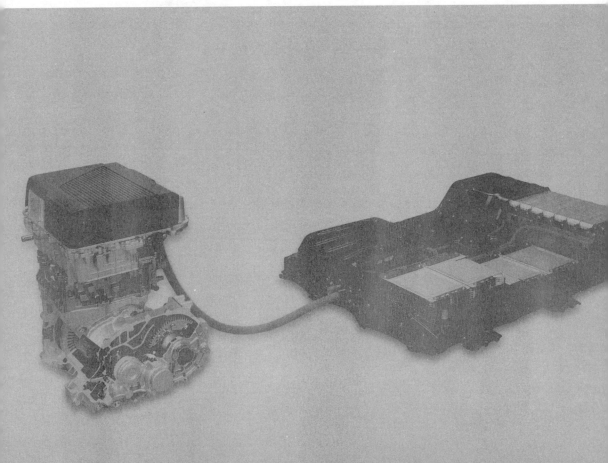

# 第一节　充电系统原理

充电系统是纯电动汽车主要的能源补给系统，为保障车辆持续行驶提供动力能源。根据动力电池的实时状态控制启动充电和停止充电；并根据动力电池的电量、温度控制充电电流的调节和给动力电池加热。充电系统布局如图 6-1 所示，充电系统原理如图 6-2 所示。

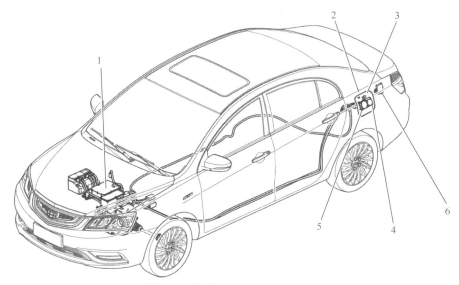

图 6-1　充电系统布局和零部件

1—车载充电机（如配备）；2—充电接口照明灯；3—充电接口指示灯；4—交流
充电接口（如配备）；5—直流充电接口；6—辅助控制器（ACM）

## 一、直流高压充电

直流高压充电也就是所谓的快充，快充充电大概在 30min 可充电 80%。当直流充电设备接口连接到整车直流充电口时，直流充电设备发送充电唤醒信号给 BMS，BMS 根据动力电池的可充电功率，向直流充电设备发送充电电流指令。同时，BMS 吸合系统高压正极继电器和高压负极继电器，动力电池开始充电。直流充电流量传递路径见图 6-3。

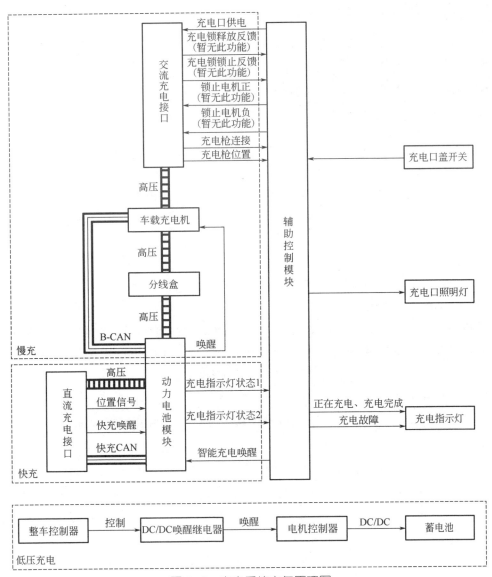

图6-2 充电系统电气原理图

图6-3 直流充电流量传递路径

## 二、交流高压充电

交流高压充电，也就是所谓的慢充，当车辆处于交流充电模式下，ACM检测交流充电接口的CC、CP信号（充电枪插入、导通信号）并唤醒BMS，BMS唤醒车载充电机并发送指令充电，同时闭合主继电器，动力电池开始充电。交流充电流量传递路径见图6-4。慢充的充电时间在12h左右。

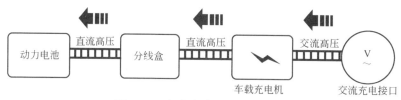

图6-4　交流充电流量传递路径

为防止车辆充电过程中充电枪丢失，车辆具有充电枪锁止功能。充电枪插入充电接口后，只要驾驶员按下智能钥匙闭锁按钮，充电枪防盗功能将开启；PEPS收到智能钥匙的闭锁信号后通过CAN总线将该信号传递到辅助控制模块（ACM），ACM将控制充电枪锁止电机锁止充电枪，此时充电枪无法拔出。如要拔出充电枪，需先按下智能钥匙解锁按钮，解锁充电枪。充电锁功能示意图见图6-5。

如果电动解锁失效，一般车辆都可通过后备厢机械解锁拉索解锁。

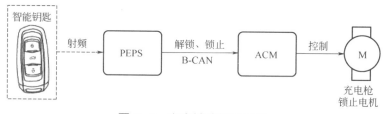

图6-5　充电锁功能示意图

## 三、低压充电

低压充电系统部件包括12V铅酸蓄电池、电机控制器、分线盒和动力电池。高压上电前，低压电路系统依赖12V铅酸蓄电池供电；当高压上电后，电机控制器将动力电池的高压直流电转换成低压直流电，为12V铅酸蓄电池充电（图6-6）。

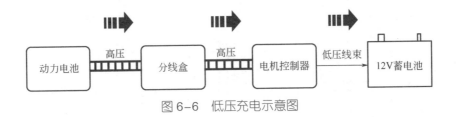

图 6-6　低压充电示意图

## 四、智能充电

　　长期停放的车辆容易造成低压蓄电池馈电，低压蓄电池严重馈电将会导致车辆无法启动上电。为避免这一问题，有些车辆（帝豪 VE）具有智能充电功能。如图 6-7 所示，车辆停放过程中辅助控制器（ACM）将持续对电源蓄电池电压进行监控，当电压低于设定值时，ACM 将唤醒 BMS，同时 VCU 也将控制电机控制器通过 DCDC 对低压蓄电池进行充电，防止低压蓄电池馈电。

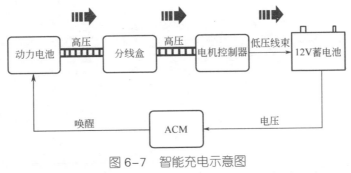

图 6-7　智能充电示意图

## 五、制动能量回收

　　能量回收包括制动开关、动力电池、驱动电机、整车控制器、高压线束等部件。能量回收系统是在车辆滑行或制动过程中，驱动电机从驱动状态转变成发电状态，将车辆的动能转换为电能储存在动力电池中。

　　车辆在滑行或制动时，VCU 根据当前动力电池状态和制动踏板位置信号，计算能量回收扭矩并发送指令给电机控制器，启动能量回收。如图 6-8 所示，制动能量回收传递路线与能量消耗相反。

　　制动能量回收过程中电机消耗车轮旋转的动能发出交流电再输出给电机控制器，电机控制器将交流电转换成直流电给动力电池充电。

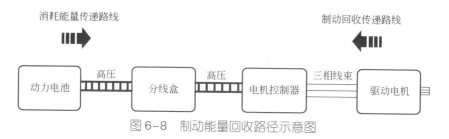

图 6-8　制动能量回收路径示意图

# 第二节　充电系统的检查和诊断

## 一、充电系统故障诊断说明

### 1. 车载充电机故障诊断码（表 6-1）

表 6-1　车载充电机故障诊断码

| 故障代码 | 故障描述 | 故障条件 |
| --- | --- | --- |
| U007300 | CAN 总线关闭 | Busoff 事件发生 |
| U017187 | 与 BMS 通讯丢失 | BMS 报文超时事件发生 |
| U100016 | ECU 供电电压超过下限 | KL30 电压小于 9V |
| U100017 | ECU 供电电压超过上限 | KL30 电压大于 16V |
| P100006 | MCU ROM 故障 | 发现内部错误 |
| P100007 | MCU ROM 故障 | 发现内部错误 |
| P100005 | 预充电继电器故障 | 预充完成后交流预充继电器状态不为 1（10min 内超过 10 次） |
| P100002 | 内部母线电压未达到设定值 | 充电时母线电压采样值与目标值比值不大于 95%（10min 内超过 10 次） |
| P100003 | 高压输出电流未达到设定值 | 充电时直流输出电流采样值与目标值偏差大于 0.5A（10min 内超过 10 次） |
| P100004 | AC 电感过流 | 单 PFC 电感电流大于 15A（10min 内超过 10 次） |
| P100100 | 充电效率故障 | 充电机输入功率大于 1000W 时计算效率小于 80%（持续 60s） |
| P100201 | 系统板过温 | 系统板检测温度大于 120℃（持续 1s） |
| P100202 | 功率板过温 | 功率板检测温度大于 120℃（持续 1s） |

| 故障代码 | 故障描述 | 故障条件 |
|---|---|---|
| P100203 | PFC 电感过温 | PFC 电感检测温度大于 100℃（持续 1s） |
| P100204 | DCDC 电感过温 | DCDC 电感检测温度大于 100℃（持续 1s） |
| P100205 | OBC 充电过程中水温过高 | 检测温度大于 100℃（持续 1s） |
| U210101 | 交流输入电压过高 | 交流输入电压大于 300V（10min 内超过 10 次） |
| U210001 | 两路直流高压检测偏差过大 | 两路直流高压偏差超过 5V（10min 内超过 10 次） |
| P100001 | 内部母线电压过高 | 内部母线电压大于 475V（10min 内超过 10 次） |
| U210002 | 高压输出过压 | 直流输出电压大于 450V（持续 1200ms） |
| U210003 | 高压输出过流 | 直流输出电流大于 15A |
| U210004 | 高压输出短路 | 充电时直流输出电流大于 0.5A 并且输出电压小于 2.5V |
| U210201 | 高压互锁故障 | 故障状态为紧急故障，且高压互锁断开 |
| U24BA81 | BMS_CCU_Control 帧内的 Checksum 错误 | 故障连续发生了 10 个周期 |

## 2. 辅助控制器故障诊断码（表6-2）

表 6-2 辅助控制器故障诊断码

| 故障代码 | 故障说明 |
|---|---|
| B11B172 | 充电枪电子锁解锁卡滞（暂无此功能） |
| B11B173 | 充电枪电子锁锁止卡滞（暂无此功能） |
| B11B491 | CC 阻值超出范围 |
| B11B592 | CP 信号有效但 CC 无效 |
| B11B692 | 智能充电故障 |
| B11B792 | 交流充电启动后 60s 内未收到 VCU 正发充电报文 |
| U014687 | ACM 与 VCU 通讯丢失 |
| U014087 | ACM 与 BCM 通讯丢失 |
| U021487 | ACM 与 PEPS 通讯丢失 |
| U012887 | ACM 与 EPB 通讯丢失 |
| U012287 | ACM 与 ESP 通讯丢失 |
| U017081 | VCU_Trad TCU Control_ 校验失败 |

续表

| 故障代码 | 故障说明 |
|---|---|
| U017082 | VCU_Trad TCU Control_ 滚码计数器失败 |
| U017181 | ABS_ESP_Status 校验失败 |
| U017182 | ABS_ESP_Status_ 滚码计数器失败 |
| U017281 | ABS_ESP_EPB Control 校验失败 |
| U017282 | ABS_ESP_EPB Control_ 滚码计数器失败 |
| U017381 | EPB_Status Control_ 校验失败 |
| U017382 | EPB_StatusControl_ 滚码计数器失败 |
| U017481 | VCU_Manage1_ 校验失败 |
| U017482 | VCU_Manage1_ 校验失败 |
| U007388 | CAN 网络通讯失败 |
| U100016 | KL30 电源低电压 |
| U100017 | KL30 电源高电压 |

## 3. 充电系统故障（表6-3）

表 6-3　充电系统故障简表

| 故障症状 | 可能生成的故障部位 |
|---|---|
| 充电感应信号（CC信号）故障 | ①充电枪、充电口端子 |
|  | ②CC 信号线路 |
|  | ③辅助控制模块线路 |
|  | ④辅助控制模块 |
| CP信号故障 | ①充电枪、充电口端子 |
|  | ②CP 信号线路 |
|  | ③辅助控制模块线路 |
|  | ④辅助控制模块 |
| 高压系统漏电故障 | ①分线盒正负极端子（对地绝缘电阻过低） |
|  | ②其余各高压零部件正负极端子（对地绝缘电阻过低） |
|  | ③动力电池（漏电） |

续表

| 故障症状 | 可能生成的故障部位 |
|---|---|
| 高压互锁故障 | ① BMS 正负极接插件 |
| | ② VCU 正负极接插件 |
| | ③ OBC 正负极接插件 |
| | ④互锁开关 |
| 预充故障 | ①铅酸蓄电池（电压不足） |
| | ②预充回路 |
| | ③电机控制器 |
| 接触器烧结故障 | 动力电池 |
| DC-DC 故障 | 动力电池 |
| 通信超时故障 | ① CAN 通信线路 |
| | ②终端电阻 |
| | ③车载充电机 |
| 自检故障 | ①线路 |
| | ②车载充电机 |

## 4．车载充电机低压线束连接器（图6-9、表6-4）

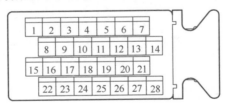

图6-9　EP10 接充电机 OBC 线束连接器

表6-4　车载充电机低压线束连接器端子说明（部分）

| 端子号 | 端子定义 | 线径颜色 | 端子状态 | 规定条件（电压、电流、波形） |
|---|---|---|---|---|
| 1 | 终端 30 输出 | 0.5R/L | 电源 | +12V |
| 2 | GND | 0.5B | 接地 | 负极 |
| 3 | CAN-H | 0.5L/R | 总线高 | — |
| 4 | CAN-L | 0.5Gr/O | 总线低 | — |
| 19 | 唤醒 | 0.5Y/B | 慢充唤醒信号 | — |

## 二、车载充电机通信故障检查和诊断

### 1. 故障说明（表 6-5）

表 6-5　车载充电机通信故障码

| 故障码 | 故障说明 |
|---|---|
| U007388 | Busoff 事件发生 |
| U100287 | BMS 报文超时事件发生 |
| U100016 | KL30 电压小于 9V |
| U100017 | KL30 电压大于 16V |
| U24BA81 | BMS_CCU_Control 帧内的 Checksum 错误 |

### 2. 关联电路图（图 6-10）

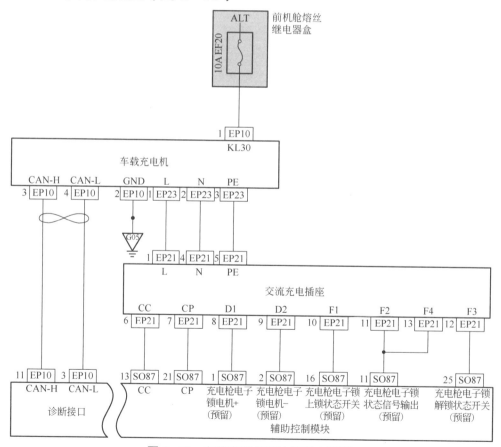

图 6-10　车载充电机通信关联电路图

### 3. 故障诊断和检查程序

第一步 01

使用故障诊断仪读取故障代码。

① 操作启动开关，使电源模式至 ON 状态。

② 连接故障诊断仪，读取系统故障代码。

③ 确认系统是否存在其他故障代码：如果存在其他故障代码，请优先排除其他故障代码指示故障；如果没有其他故障代码，请执行下一步。

第二步 02

检查车载充电机熔丝 EF20 是否熔断。

① 操作启动开关使电源模式至 OFF 状态。

② 拔下熔丝 EF20，检查熔丝是否熔断（熔丝额定容量为 10A）：如果熔丝已经熔断，请检修熔丝线路，更换额定容量熔丝；如果熔丝没有熔断，请执行下一步。

第三步 03

检查车载充电机电源、接地之间的电压。

 维修图解

① 操作启动开关使电源模式至 OFF 状态。

② 断开车载充电机线束连接器 EP10。

③ 操作启动开关使电源模式至 ON 状态。

④ 如图 6-11 所示，用万用表测量车载充电机线束连接器 EP10 端子 1 和端子 2 之间的电压值。标准电压为 11 ～ 14V。

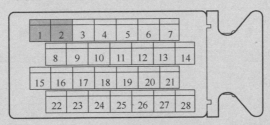

图 6-11 EP10 接充电机 OBC 线束连接器

⑤ 确认测量值是否符合标准：如果测量值不符合标准，请修理或更换线束；如果测量值符合标准，请执行下一步。

**第四步 4**

检查车载充电机的通信线路。

 **维修图解**

① 操作启动开关使电源模式至 OFF 状态。

② 断开车载充电机线束连接器 EP10。

③ 用万用表测量车载充电机线束连接器 EP10 端子 3 和诊断接口 IP15 端子 11（图 6-12）之间的电阻。电阻标准值小于 1Ω。

④ 用万用表测量车载充电机线束连接器 EP10 端子 4 和诊断接口 IP15 端子 3（图 6-12）之间的电阻。电阻标准值小于 1Ω。

⑤ 确认测量值是否符合标准：如果测量值不符合标准，请修理或更换线束；如果测量值符合标准，请执行下一步。

图 6-12　IP15 诊断接口线束连接器

**第五步 5**

进行 P-CAN 网络完整性检查。

① 操作启动开关，使电源模式至 OFF 状态。

② 用万用表测量终端接口 IP15 端子 3 和端子 11 之间的电阻值。标准电阻为 55 ~ 67.5Ω。

③ 确认测量值是否符合标准：如果测量值不符合标准，请优先排除 B-CAN 网络不完整故障；如果测量值符合标准，请执行下一步。

**第六步 6**

更换车载充电机。

① 操作启动开关，使电源模式至 OFF 状态。

② 断开蓄电池负极电缆。

③ 更换车载充电机。

④ 确认故障排除。

**第七步 7**

诊断结束。

## 三、充电感应信号（CC 信号）故障

### 1. 关联电路图（图 6-13）

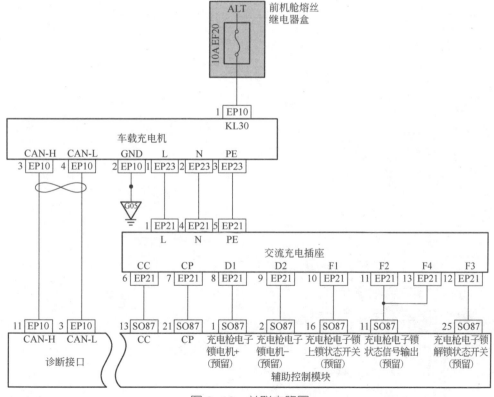

图 6-13 关联电路图

## 2. 检查和诊断程序

第一步 01

检查充电枪与充电口插针是否松动。

① 操作启动开关使电源模式至 OFF 状态。

② 拆卸维修开关。

③ 检查充电枪插针是否松动。

④ 检查充电口插针是否松动：如果充电口插针松动了，请更换故障的充电枪或充电口；如果充电口插针没有松动，请执行下一步。

第二步 02

检查辅助控制器与交流充电接口之间的 CC 信号线路。

 维修图解

① 操作启动开关使电源模式至 OFF 状态。

② 拆卸维修开关。

③ 断开辅助控制器线束连接器 SO87（图 6-14）。

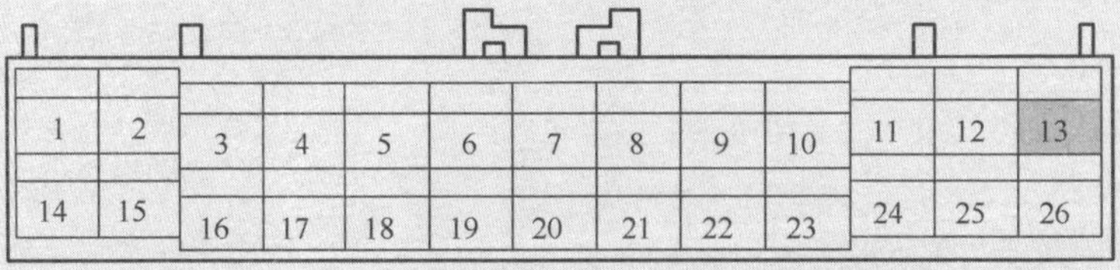

| 1 | 2 | 3 | 4 | 5 | 6 | 7 | 8 | 9 | 10 | 11 | 12 | 13 |
|---|---|---|---|---|---|---|---|---|----|----|----|----|
| 14 | 15 | 16 | 17 | 18 | 19 | 20 | 21 | 22 | 23 | 24 | 25 | 26 |

图 6-14　SO87 辅助控制模块线束连接器

④ 断开交流充电接口线束连接器 EP21（图 6-15）。

⑤ 用万用表测量辅助控制器线束连接器 SO87 端子 13 和交流充电接口 EP21 端子 6 之间的电阻。电阻标准值小于 1Ω。

⑥ 确认测量值是否符合标准。如果测量值不符合标准，请修理或更换线束；如果测量值符合标准，请执行下一步。

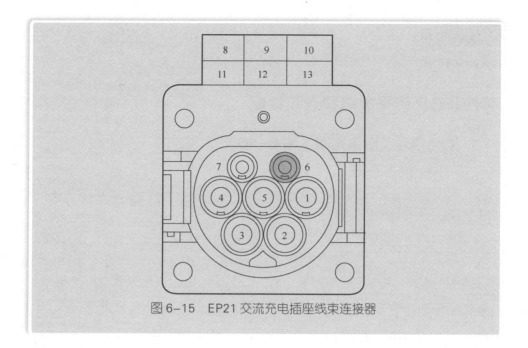

图 6-15 EP21 交流充电插座线束连接器

## 第三步 **03**

检查辅助控制器电源、接地之间的电压。

① 操作启动开关，使电源模式至 OFF 状态。

② 断开辅助控制器线束连接器 SO87。

③ 用万用表测量辅助控制器线束连接器 SO87 端子 5 和端子 10 之间的电压。标准电压为 11 ～ 14V。

④ 确认测量值是否符合标准：如果测量值不符合标准，请修理或更换线束；如果测量值符合标准，请执行下一步。

## 第四步 **04**

更换辅助控制器。

① 操作启动开关使电源模式至 OFF 状态。

② 断开蓄电池负极电缆。

③ 更换辅助控制器。

④ 确认故障是否排除，如果故障没有排除，请更换交流充电接口。

第五步 **5**

诊断结束。

# 四、CP 信号故障检查和诊断

## 1. CP 信号关联电路图（图6-16）

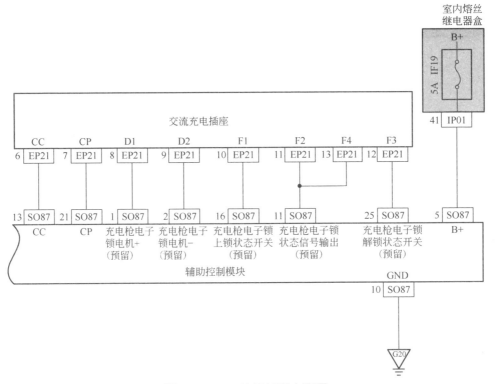

图6-16　CP 信号关联电路图

## 2. 检查和诊断程序

第一步 **1**

检查充电枪与充电口插针是否松动。

① 操作启动开关使电源模式至 OFF 状态。

② 拆卸维修开关。

③ 检查充电枪插针是否松动。

④ 检查充电口插针是否松动：如果充电口插针已经松动，请更换故障的充电枪或充电口；如果充电口插针没有松动，请执行下一步。

**第二步 2**

检查辅助控制器与交流充电接口之间的 CP 信号线路。

① 操作启动开关使电源模式至 OFF 状态。

② 拆卸维修开关。

③ 断开交流充电接口

④ 断开辅助控制器线束连接器 SO87。

⑤ 用万用表测量辅助控制器线束连接器 SO87 端子 21 和交流充电接口 7 号端子之间的电阻。电阻标准值小于 1Ω。

⑥ 确认测量值是否符合标准：如果测量值不符合标准，请修理或更换线束；如果测量值符合标准，请执行下一步。

**第三步 3**

检查辅助控制器电源、接地之间的电压。

① 操作启动开关使电源模式至 OFF 状态。

② 断开辅助控制器线束连接器 SO87。

③ 用万用表测量辅助控制器线束连接器 SO87 端子 5 和端子 10 之间的电压。标准电压为 11 ～ 14V。

④ 确认测量值是否符合标准：如果测量值不符合标准，请修理或更换线束；如果测量值符合标准，请执行下一步。

**第四步 4**

更换辅助控制器。

① 操作启动开关，使电源模式至 OFF 状态。

② 断开蓄电池负极电缆。

③ 更换辅助控制器。

④ 确认故障是否排除，如果故障没有排除，请更换交流充电接口。

**第五步 5**

诊断结束。

# 五、高压互锁故障

## 1. 故障说明（表6-6）

表6-6 故障码说明

| 故障码 | 故障说明 |
|---|---|
| U210201 | 高压互锁故障 |

## 2. 检查和诊断程序

**第一步 01**

检查 BMS 高压互锁故障。

① 操作启动开关使电源模式至 OFF 状态。

② 检查动力电池维修开关是否松动。

③ 断开维修开关。

④ 检查动力电池快充接插件是否松动。

⑤ 检查动力电池正负极接插件是否松动：如果动力电池正负极接插件已经松动，请修理或更换线束；如果动力电池正负极接插件没有松动，请执行下一步。

**第二步 02**

检查 VCU 高压互锁故障。

① 操作启动开关使电源模式至 OFF 状态。

② 断开维修开关。

③ 检查电机控制器正负极接插件是否松动。

④ 检查分线盒正负极接插件是否松动：如果动力电池正负极接插件已经松动，请修理或更换线束；如果动力电池正负极接插件没有松动，请执行下一步。

**第三步 03**

检查车载充电机高压互锁故障。

① 操作启动开关，使电源模式至 OFF 状态。

② 断开维修开关。

③ 检查车载充电机正负极接插件是否松动或互锁线路是否断路：如果车载充电机正负极接插件已经松动或互锁线路没有断路，请修理或更换线束；如果车载充电机正负极接插件没有松动或互锁线路没有断路，请执行下一步。

**第四步 04**

更换互锁开关。

① 操作启动开关，使电源模式至 OFF 状态。

② 断开蓄电池负极电缆。

③ 更换互锁开关。

④ 确认故障排除。

**第五步 05**

诊断结束。

## 六、预充故障检查和诊断

### 1. 故障说明（表6-7）

表6-7 故障说明

| 故障码 | 说明 |
|---|---|
| P100005 | 预充电继电器故障 |

### 2. 关联电路图（图6-17）

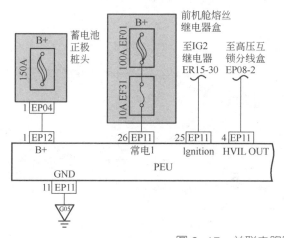
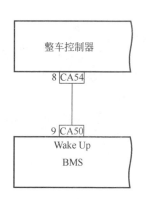

图 6-17 关联电路图

## 3. 故障检查和诊断程序

### 第一步 ①

检测铅酸蓄电池电压。

① 操作启动开关，使电源模式至 OFF 状态。

② 用万用表测量铅酸蓄电池正负极之间的电压。标准电压为 11 ～ 14V。

③ 确认测量值是否符合标准：如果测量值不符合标准，请更换蓄电池或为蓄电池充电；如果测量值符合标准，请执行下一步。

### 第二步 ②

重新启动一次。

① 操作启动开关，使电源模式至 ON 状态。

② 重新启动一次。

③ 确认预充电压是否达到预充完成的电压要求：如果预充电压达到了预充完成的电压要求，则诊断结束。

如果预充电压没有达到预充完成的电压要求，请执行下一步。

### 第三步 ③

检查 VCU 与 BMS 之间的线路。

 维修图解

① 操作启动开关使电源模式至 OFF 状态。

② 断开 VCU 线束连接器 CA54（图 6-18）。

③ 断开 BMS 线束连接器 CA50（图 6-19）。

④ 用万用表测量 VCU 线束连接器 CA54 端子 8 和 BMS 线束连接器 CA50 端子 9 之间的电阻。电阻标准值小于 1Ω。

⑤ 确认测量值是否符合标准：如果测量值不符合标准，请修理或更换线束；如果测量值符合标准，请执行下一步。

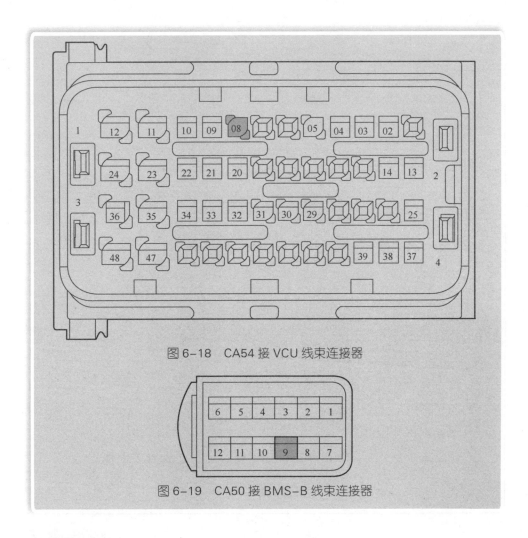

图 6-18 CA54 接 VCU 线束连接器

图 6-19 CA50 接 BMS-B 线束连接器

**第四步 4**

检查电机控制器电源、接地之间的电压。

 维修图解

① 操作启动开关使电源模式至 OFF 状态。

② 断开电机控制器线束连接器 EP11（图 6-20）。

③ 用万用表测量电机控制器线束连接器 EP11 端子 25 和端子 11 之间的电压。标准电压为 11 ~ 14V。

④ 用万用表测量电机控制器线束连接器 EP11 端子 26 和端子 11 之间的电压。标准电压为 11 ～ 14V。

⑤ 确认测量值是否符合标准：如果测量值不符合标准，请修理或更换线束；如果测量值符合标准，请执行下一步。

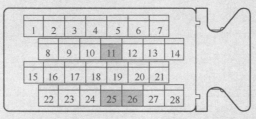

图 6-20　EP11 接电机控制器线束连接器

**第五步　5**

更换电机控制器。

① 操作启动开关，使电源模式至 OFF 状态。

② 断开蓄电池负极电缆。

③ 更换电机控制器。

④ 确认故障是否排除，如果故障没有排除，请更换动力电池。

**第六步　6**

诊断结束。

## 七、高压系统漏电故障检查和诊断

### 1. 故障说明（表 6-8）

表 6-8　故障说明

| 故障码 | 故障说明 |
|--------|----------|
| U210101 | 交流输入电压过高 |
| U210001 | 两路直流高压检测偏差过大 |
| P100001 | 内部母线电压过高 |

续表

| 故障码 | 故障说明 |
|--------|----------|
| U210002 | 高压输出过压 |
| U210003 | 高压输出过流 |
| U210004 | 高压输出短路 |

## 2. 高压系统关联电路框图（图6-21）

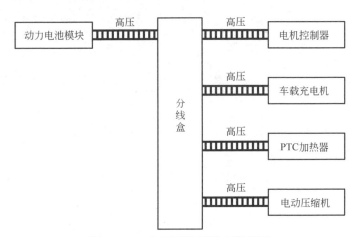

图6-21 高压系统关联电路框图

## 3. 检查和诊断程序

第一步 01

检查分线盒正极高压线束。

 维修图解

① 操作启动开关使电源模式至OFF状态。

② 拆卸维修开关。

③ 断开直流母线（动力电池侧）线束连接器EP41（图6-22）。

④ 用绝缘电阻测试仪测试EP41的1号端子与车身接地之间的绝缘电阻。标准电阻大于或等于20MΩ。

⑤ 确认测量值是否符合标准：如果测量值符合标准，请转至第三步；

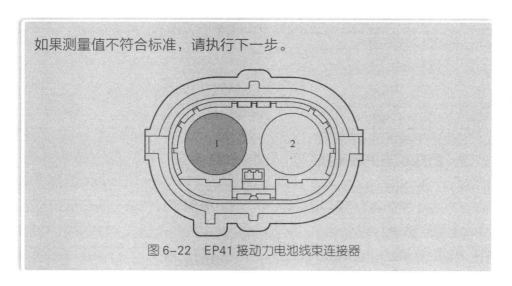

如果测量值不符合标准，请执行下一步。

图 6-22　EP41 接动力电池线束连接器

第二步 **2**

依次检查电机控制器、车载充电机、PTC 加热器、电动压缩机、充电接口正极对地电阻。

① 操作启动开关使电源模式至 OFF 状态。

② 拆卸维修开关。

③ 按照上述方法，用绝缘电阻测试仪依次检查电机控制器、车载充电机、PTC 加热器、电动压缩机、充电接口正极与车身接地之间的绝缘电阻。标准电阻大于或等于 20MΩ。

**注意**：测试时其他零部件断开高压接插件。

④ 确认测量值是否符合标准：如果测量值不符合标准，请修理或更换故障部件；如果测量值符合标准，请执行下一步。

第三步 **3**

检查分线盒负极高压线束。

① 操作启动开关使电源模式至 OFF 状态。

② 拆卸维修开关。

③ 断开直流母线（动力电池侧）线束连接器 EP41。

④ 用绝缘电阻测试仪测试 EP41 的 2 号端子与车身接地之间的绝缘电阻。

标准电阻大于或等于 20MΩ。

⑤ 确认测量值是否符合标准：如果测量值符合标准，请转至第五步；如果测量值不符合标准，请执行下一步。

依次检查电机控制器、车载充电机、PTC 加热器、电动压缩机、充电接口负极对地电阻。

① 操作启动开关使电源模式至 OFF 状态。

② 拆卸维修开关。

③ 按照上述方法，用绝缘电阻测试仪依次检查电机控制器、车载充电机、PTC 加热器、电动压缩机、充电接口负极与车身接地之间的绝缘电阻。标准电阻大于或等于 20MΩ。

注意：测试时其他零部件断开高压接插件。

④ 确认测量值是否符合标准：如果测量值不符合标准，请修理或更换故障部件；如果测量值符合标准，请执行下一步。

第五步 5

检查动力电池负极高压线束。

维修图解

① 操作启动开关使电源模式至 OFF 状态。

② 拆卸维修开关。

③ 断开直流母线（分线盒侧）线束连接器 EP42（图 6-23）。

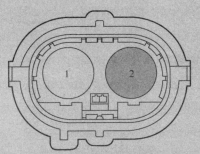

图 6-23 EP42 接分线盒线束连接器

④ 用绝缘电阻测试仪测试 EP42 的 2 号端子与车身接地之间的绝缘电阻。标准电阻大于或等于 20MΩ。

⑤ 确认测量值是否符合标准：如果测量值符合标准，请转至第七步；如果测量值不符合标准，请执行下一步。

## 第六步 6

检查动力电池负极高压线束。

① 操作启动开关，使电源模式至 OFF 状态。

② 拆卸维修开关。

③ 断开直流母线（分线盒侧）线束连接器 EP42。

④ 用绝缘电阻测试仪测试 EP42 的 1 号端子与车身接地之间的绝缘电阻。标准电阻大于或等于 20MΩ。

⑤ 确认测量值是否符合标准：如果测量值不符合标准，请修理或更换线束；如果测量值符合标准，请执行下一步。

## 第七步 7

更换动力电池。

① 操作启动开关，使电源模式至 OFF 状态。

② 断开蓄电池负极电缆。

③ 更换动力电池。

④ 确认故障排除。

## 第八步 8

诊断结束。

## 八、电源低电压故障

### 1. 故障码 U100016、U100017（表 6-9）

表 6-9  故障说明

| 故障码 | 故障说明 |
| --- | --- |
| U100016 | KL30 电源低电压 |

续表

| 故障码 | 故障说明 |
|---|---|
| U100017 | KL30电源低电压 |

## 2. 关联电路图（图6-24）

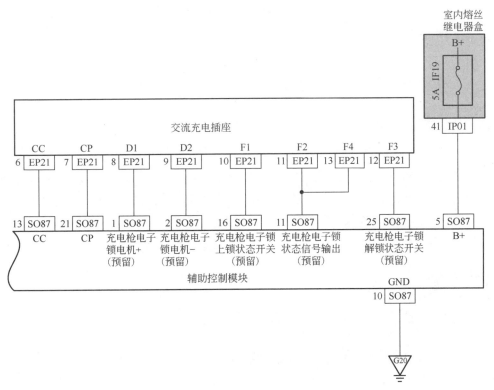

图6-24　关联电路图

## 3. 故障检查和诊断

第一步 01

检查蓄电池电压。

① 操作启动开关使电源模式至OFF状态。

② 用万用表测量蓄电池正负极之间的电压。电压标准值为11～14V。

③ 确认测量值是否符合标准：如果测量值不符合标准，请检查充电系统或对蓄电池充电；如果测量值符合标准，请执行下一步。

## 第二步 02

检查辅助控制器电源、接地之间的电压。

① 操作启动开关使电源模式至 OFF 状态。

② 断开辅助控制器线束连接器 SO87。

③ 用万用表测量辅助控制器线束连接器 SO87 端子 5 和端子 10 之间的电压。标准电压为 11 ～ 14V。

④ 确认测量值是否符合标准：如果测量值不符合标准，请修理或更换线束；如果测量值符合标准，请执行下一步。

## 第三步 03

更换辅助控制器。

① 操作启动开关，使电源模式至 OFF 状态。

② 断开蓄电池负极电缆。

③ 更换辅助控制器。

④ 确认故障是否排除，如果故障没有排除，请更换交流充电接口。

## 第四步 04

诊断结束。

## 九、辅助控制器通信线路故障

### 1. 故障说明（表 6-10）

表 6-10　故障说明

| 故障码 | 故障说明 |
| --- | --- |
| U014687 | ACM 与 VCU 通信丢失 |
| U014087 | ACM 与 BCM 通信丢失 |
| U021487 | ACM 与 PEPS 通信丢失 |
| U012887 | ACM 与 EPB 通信丢失 |
| U012287 | ACM 与 ESP 通信丢失 |
| U017081 | VCU_Trad TCU Control_ 校验失败 |

续表

| 故障码 | 故障说明 |
|---|---|
| U017082 | VCU_Trad TCU Control_ 滚码计数器失败 |
| U017181 | ABS_ESP_Status 校验失败 |
| U017182 | ABS_ESP_Status_ 滚码计数器失败 |
| U017281 | ABS_ESP_EPB Control 校验失败 |
| U017282 | ABS_ESP_EPB Control_ 滚码计数器失败 |
| U017381 | EPB_Status Control_ 校验失败 |
| U017382 | EPB_Status Control_ 滚码计数器失败 |
| U017481 | VCU_Manage1_ 校验失败 |
| U017482 | VCU_Manage1_ 校验失败 |
| U007388 | CAN 网络通信失败 |

## 2. 辅助控制器通信线路关联电路图（图 6-25）

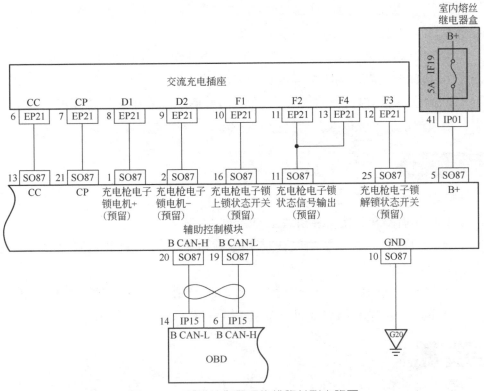

图 6-25 辅助控制器通信线路关联电路图

### 3．检查和诊断程序

第一步 **1**

使用故障诊断仪读取故障代码。

① 操作启动开关使电源模式至 ON 状态。

② 连接故障诊断仪，读取系统故障代码。

③ 确认系统是否存在其他故障代码：如果系统存在其他故障代码，则优先排除其他故障代码指示故障；如果系统没有其他故障代码，请执行下一步。

第二步 **2**

检查辅助控制器的通信线路。

① 操作启动开关使电源模式至 OFF 状态。

② 断开辅助控制器线束连接器 SO87。

③ 用万用表测量辅助控制器线束连接器 SO87 端子 19 和诊断接口 IP15 端子 6 之间的电阻。电阻标准值小于 1Ω。

④ 用万用表测量辅助控制器线束连接器 SO87 端子 20 和诊断接口 IP15 端子 14 之间的电阻。电阻标准值小于 1Ω。

⑤ 确认测量值是否符合标准：如果测量值不符合标准，请修理或更换线束；如果测量值符合标准，请执行下一步。

第三步 **3**

进行 P-CAN 网络完整性检查。

① 操作启动开关使电源模式至 OFF 状态。

② 用万用表测量终端接口 IP15 端子 6 和端子 14 之间的电阻值。标准电阻为 55 ～ 67.5Ω。

③ 确认测量值是否符合标准：如果测量值不符合标准，则优先排除 B-CAN 网络不完整故障；如果测量值符合标准，请执行下一步。

第四步 **4**

更换辅助控制器。

① 操作启动开关，使电源模式至 OFF 状态。

② 断开蓄电池负极电缆。

③ 拆卸维修开关。

④ 更换辅助控制器。

⑤ 确认故障排除。

**第五步 5**

诊断结束。

## 十、充电枪电子锁解锁卡滞故障

### 1. 故障说明

充电枪电子锁解锁卡滞故障会显示故障码 B11B172、B11B173，故障码说明如表 6-11 所示。

表 6-11    故障码

| 故障码 | 故障说明 |
| --- | --- |
| B11B172 | 充电枪电子锁解锁卡滞（暂无此功能） |
| B11B173 | 充电枪电子锁锁止卡滞（暂无此功能） |

### 2. 关联电路图（图 6-26）

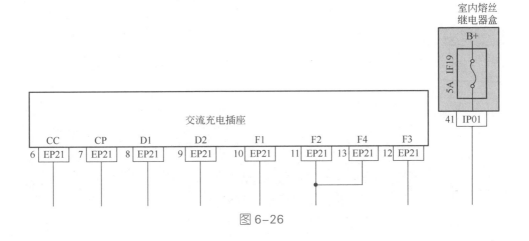

图 6-26

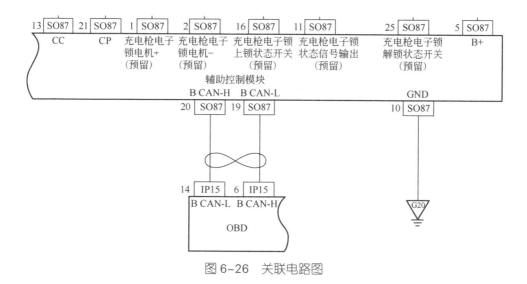

图 6-26 关联电路图

### 3. 检查和诊断程序

 第一步 **1**

使用故障诊断仪读取故障代码。

① 操作启动开关使电源模式至 ON 状态。

② 连接故障诊断仪，读取系统故障代码。

③ 确认系统是否存在其他故障代码：如果系统存在其他故障代码，则优先排除其他故障代码指示故障；如果系统没有其他故障代码，请执行下一步。

第二步 **2**

检查交流充电插座与辅助控制器之间的线路断路故障。

> **维修图解**
>
> ① 操作启动开关使电源模式至 OFF 状态。
>
> ② 断开交流充电插座线束连接器 EP21（图 6-27）。
>
> ③ 断开辅助控制器线束连接器 SO87。

④ 用万用表测量交流充电插座线束连接器 EP21 端子 10 和辅助控制器线束连接器 SO87 端子 16 之间的电阻。电阻标准值小于 1Ω。

⑤ 用万用表测量交流充电插座线束连接器 EP21 端子 12 和辅助控制器线束连接器 SO87 端子 25 之间的电阻。电阻标准值小于 1Ω。

⑥ 确认测量值是否符合标准：如果测量值不符合标准，请修理或更换线束；如果测量值符合标准，请执行下一步。

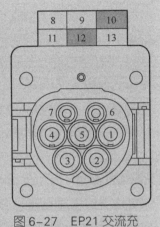

图 6-27　EP21 交流充电插座线束连接器

## 第三步 3

检查交流充电插座与辅助控制器之间的线路对地短路故障。

① 操作启动开关使电源模式至 OFF 状态。

② 断开交流充电插座线束连接器 EP21。

③ 断开辅助控制器线束连接器 SO87。

④ 用万用表测量交流充电插座 EP21 端子 12 和车身可靠接地之间的电阻。电阻标准值为 10kΩ 或更高。

⑤ 用万用表测量交流充电插座 EP21 端子 10 和车身可靠接地之间的电阻。电阻标准值为 10kΩ 或更高。

⑥ 确认测量值是否符合标准：如果测量值不符合标准，请修理或更换线束；如果测量值符合标准，请执行下一步。

## 第四步 4

检查交流充电插座与辅助控制器之间的线路对电源短路故障。

① 操作启动开关使电源模式至 OFF 状态。

② 断开交流充电插座线束连接器 EP21。

③ 断开辅助控制器线束连接器 SO87。

④ 操作启动开关使电源模式至 ON 状态。

⑤ 用万用表测量交流充电插座 EP21 端子 10 和车身可靠接地之间的电压。电压标准值为 0。

⑥ 用万用表测量交流充电插座 EP21 端子 12 和车身可靠接地之间的电压。电压标准值为 0。

⑦ 确认测量值是否符合标准：如果测量值不符合标准，请修理或更换线束；如果测量值符合标准，请执行下一步。

## 第五步 05

更换交流充电插座。

① 操作启动开关使电源模式至 OFF 状态。

② 断开蓄电池负极电缆。

③ 拆卸维修开关。

④ 更换交流充电插座。

⑤ 确认故障是否排除。如果故障没有排除，请更换辅助控制器。

## 第六步 06

诊断结束。

# 第三节　充电系统零部件拆装

## 一、直流充电插座的拆卸与安装

### 1. 拆卸程序

（1）打开前机舱盖。

（2）断开蓄电池负极电缆。

（3）拆卸维修开关。

（4）拆卸左后轮。

（5）拆卸左后轮罩衬板。

（6）拆卸直流充电插座。

维修图解

① 断开动力电池上的直流充电高压线束连接器（图6-28）。

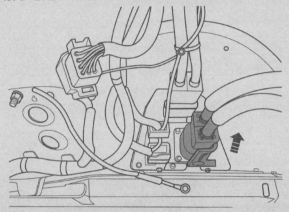

图6-28 直流充电插座拆卸（一）

② 拆卸直流充电高压线束支架固定螺母，脱开直流充电高压线束。

③ 脱开直流充电高压线束固定线卡。

④ 拆卸直流充电插座4个固定螺栓（图6-29）。

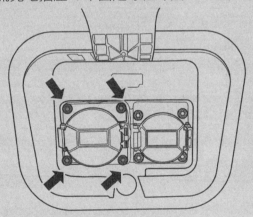

图6-29 直流充电插座拆卸（二）

⑤ 如图6-30所示，拆卸直流充电插座搭铁线束固定螺栓1，脱开搭铁线束。

⑥ 拆卸直流充电插座线束胶套环箍2。

⑦ 断开直流充电插座线束连接器3。

⑧ 脱开直流充电插座高压线束固定支架 4，取出直流充电插座总成。

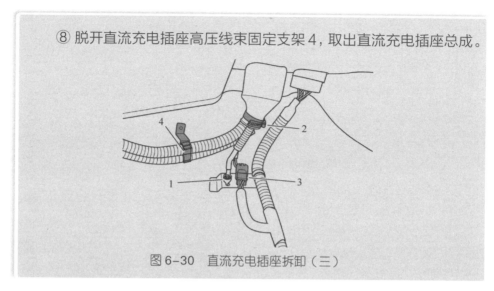

图 6-30　直流充电插座拆卸（三）

### 2. 安装程序

（1）安装直流充电插座。

① 放置直流充电插座总成，紧固直流充电插座线束胶套环箍。

② 连接搭铁线束，紧固直流充电插座搭铁线束固定螺栓。

③ 连接直流充电插座线束连接器。

④ 固定直流充电插座高压线束固定支架。

⑤ 紧固直流充电插座 4 个固定螺栓。

⑥ 连接动力电池上的直流充电高压线束连接器。

⑦ 放置直流充电高压线束，紧固直流充电高压线束支架固定螺母 / 螺栓。

⑧ 固定直流充电高压线束固定线卡。

（2）安装左后轮罩衬板。

（3）安装左后轮。

（4）安装维修开关。

（5）连接蓄电池负极电缆。

（6）关闭前机舱盖。

## 二、交流充电插座的拆卸与安装

### 1. 拆卸程序

（1）打开前机舱盖。

（2）断开蓄电池负极电缆。

（3）拆卸维修开关。

（4）拆卸左后轮。

（5）拆卸左后轮罩衬板。

（6）拆卸交流充电插座。

**维修图解**

① 断开车载充电机上的2个交流充电高压线束连接器（图6-31）。

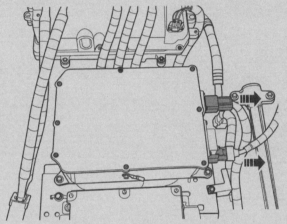

图6-31 交流充电插座拆卸（一）

② 断开交流充电低压线束连接器。

③ 如图6-32所示，脱开车辆右侧交流充电高压线束固定线卡。

④ 如图6-32所示，脱开车辆后部交流充电高压线束固定线卡。

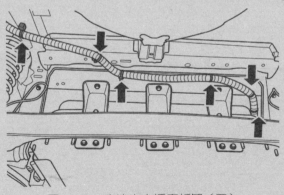

图6-32 交流充电插座拆卸（二）

⑤ 拆卸交流充电插座固定螺栓。

⑥ 断开交流充电插座线束连接器。

⑦ 脱开交流充电插座高压线束固定线卡，取出交流充电插座总成。

### 2. 安装程序

（1）安装交流充电插座。

① 放置交流充电插座总成，固定交流充电插座线束线卡。

② 连接交流充电插座线束连接器。

③ 紧固交流充电插座固定螺栓。

④ 连接车载充电机上的交流充电高压线束连接器。

⑤ 连接交流充电低压线束连接器。

⑥ 固定车辆后部交流充电高压线束线卡。

⑦ 固定车辆右侧交流充电高压线束线卡。

（2）安装左后轮罩衬板。

（3）安装左后轮。

（4）安装维修开关。

（5）连接蓄电池负极电缆。

（6）关闭前机舱盖。

## 三、车载充电机的拆卸与安装

### 1. 拆卸程序

（1）打开前机舱盖。

（2）断开蓄电池负极电缆。

（3）拆卸维修开关。

（4）拆卸车载充电机及水管。

### 维修图解

① 断开车载充电机 2 个高压线束连接器。

② 如图 6-33 所示，拆卸车载充电机搭铁线束固定螺栓 1，脱开车

载充电机搭铁线束。

③ 拆卸车载充电机 4 个固定螺栓 2。

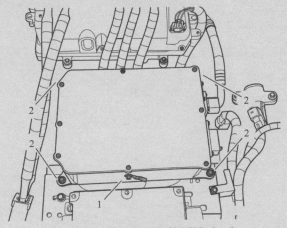

图 6-33　车载充电机的拆卸（一）

④ 拆卸车载充电机出水管环箍（电机侧），脱开车载充电机出水管。

⑤ 如图 6-34 所示，拆卸车载充电机进水管接头（电机控制器侧），脱开车载充电机进水管，取出车载充电机及水管。

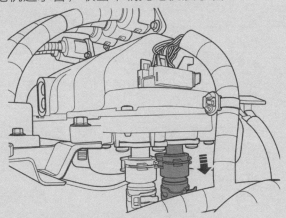

图 6-34　车载充电机的拆卸（二）

（5）如图 6-35 所示，拆卸车载充电机出水管：拆卸车载充电机出水管环箍（充电机侧），取下车载充电机出水管 1。

（6）拆卸车载充电机进水管：拆卸车载充电机进水管环箍（充电机侧），取下车载充电机进水管 2。

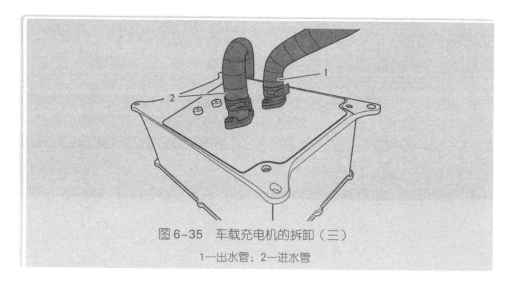

图 6-35　车载充电机的拆卸（三）

1—出水管；2—进水管

## 2. 安装程序

 **维修提示**

安装水管时，根据水管上的箭头指示正确区分进水管、出水管。

水管连接后将水管旋转至图示方向，确保管口的缺口与充电机上的螺栓吻合。

（1）安装车载充电机出水管：连接车载充电机出水管（充电机侧），安装车载充电机出水管环箍。

（2）安装车载充电机进水管：连接车载充电机进水管（充电机侧），安装车载充电机进水管环箍。

（3）安装车载充电机及水管。

① 放置车载充电机，紧固固定螺栓。

② 连接车载充电机搭铁线束，紧固搭铁线束固定螺栓。

③ 连接车载充电机 2 个高压线束连接器。

④ 连接车载充电机出水管（电机侧），安装车载充电机出水管环箍。

⑤ 连接车载充电机进水管接头（电机控制器侧）。

（4）加注冷却液。

（5）安装维修开关。

（6）连接蓄电池负极电缆。

（7）关闭前机舱盖。

## 四、充电口照明灯的拆卸与安装

### 1. 拆卸程序

（1）打开前机舱盖。

（2）断开蓄电池负极电缆。

（3）拆卸左后轮。

（4）拆卸左后轮罩衬板。

（5）拆卸充电口照明灯。

维修图解

① 打开充电口盖，拆下充电口照明灯（图 6-36）。

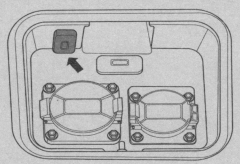

图 6-36 充电口照明灯拆卸（一）

② 断开充电口照明灯线束连接器（图 6-37），取下充电口照明灯。

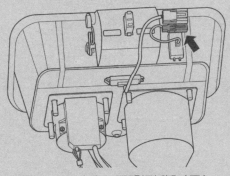

图 6-37 充电口照明灯拆卸（二）

## 2．安装程序

（1）安装充电口照明灯。

① 放置充电口照明灯，连接充电口照明灯线束连接器。

② 固定充电口照明灯，关闭充电口盖。

（2）安装左后轮。

（3）安装左后轮罩衬板。

（4）连接蓄电池负极电缆。

（5）关闭前机舱盖。

# 五、蓄电池总成更换

## 1．拆卸程序

（1）打开前机舱盖。

（2）拆卸前保险杠上饰板。

（3）断开蓄电池负极电缆。

**维修图解**

① 操作启动开关使电源模式至"OFF"状态。

② 如图 6-38 所示，拆卸蓄电池负极电缆固定螺母 1。

③ 脱开蓄电池负极电缆 2。

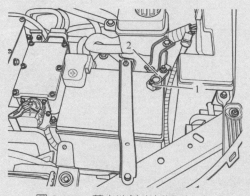

图 6-38　蓄电池总成拆卸（一）

（4）拆卸蓄电池。

**维修图解**

① 如图6-39所示，打开蓄电池正极电缆保护盖1。

② 拆卸蓄电池正极电缆固定螺母2。

③ 脱开蓄电池正极电缆3。

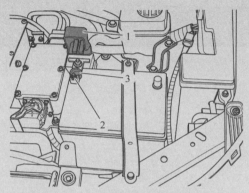

图6-39 蓄电池总成拆卸（二）

④ 拆卸蓄电池压条固定螺栓。

⑤ 拆卸蓄电池挂钩固定螺母，取下蓄电池压条及挂钩。

⑥ 取出蓄电池总成。

## 2. 安装程序

（1）安装蓄电池。

① 放入蓄电池总成。

② 安装蓄电池压条紧固螺栓/螺母。

③ 连接蓄电池正极电缆。

④ 紧固蓄电池正极电缆固定螺母。

⑤ 关闭蓄电池正极电缆保护盖。

（2）连接蓄电池负极电缆。

① 连接蓄电池负极电缆。

② 紧固蓄电池负极电缆固定螺母。

（3）安装前保险杠上饰板。

（4）关闭前机舱盖。

# 参 考 文 献

［1］ 敖东光，等．电动汽车结构原理与检修［M］．北京：机械工业出版社．2017.

［2］ 孙旭，陈社会．新能源汽车概论［M］．北京：机械工业出版社，2017.

［3］ 王庆年，曾小华．新能源汽车关键技术［M］．北京：化学工业出版社，2017.

［4］ 黄志坚．电动汽车结构·原理·应用（第二版）［M］．北京：化学工业出版社，2018.

［5］ 周晓飞．教你成为一流汽车电工（第二版）［M］．北京：化学工业出版社，2018.